金钱真相

扁鸿生 著

人只要活在这个世界上，
必然面临着无限的“想要”
和有限的“需要”这个永恒的矛盾。

華齡出版社

目 录

Contents

Contents

100
100

C o n t e n t s

Contents

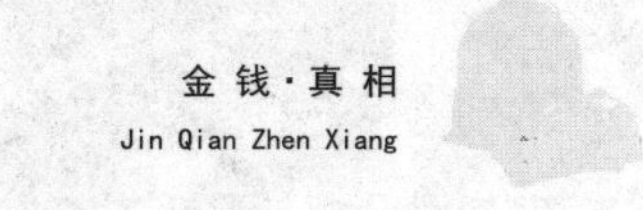

Chapter 1

第一章　金钱的规律

人只要活在这个世界上，必然面临着无限的“想要”和有限的“需要”这个永恒的矛盾。

为了获得更多的“想要”，金钱是最简单的方法，金钱能够让我们更方便地获得生存的权利与更多的自由。

但金钱只与懂它的人为伴，我们重新来认识一下我们熟悉而又陌生的金钱。

重温一下我们初中时期学习过的《政治经济学》吧，原来我们那么小的时候就接触过“财商”教育，只是可惜当年没有财商的概念和思想，老师自己也不明白金钱，自己也赚不到钱，当然也讲不明白钱，只是照本宣科，我们这些学生更不会听明白钱。

一群不明白钱的人讲着不明白的钱给不明白钱的人听，果然是“道可道，非常道”，于是大家考试时通过了钱的“经济学”，长大后却还是为钱所困！

人生还是要明师指点！明师，明师，是自己知行合一，践行明白，

而后印证可行，方或可为人师“传道，授业，解惑”，否则用一套自己都怀疑的知识教育学生，定会误人子弟，误人误己。

先看书上怎么说钱。

金钱的五大规律：

一、无价值

无价值是金钱的第一要义。只有没用的东西才可以流通，有用的东西就会被它的用途所限制而无法流通了，因为需要这种用途的人就把它给用了，它就不能再出来流通了，不能流通的东西就不能当钱了。世界上所有的东西，都有它的用处，只有“钱”，没有任何的使用价值，只用于交换，注定了“钱”就是一种无用的东西，无用才能通用！

二、稀缺性

无用的东西太多了，是不是什么都可以成为钱呢？当然不是，必须选择一种无用又稀缺的东西才行。即使被当作钱的这个东西不稀缺，也要想个办法让它稀缺才行。比如现在用纸当钱，纸不稀缺。但如果一个国家把钱印得太多，让钱不稀缺了，这个国家也就差不多了。

钱要么值钱但不够多，要么多了不值钱，二者必居其一。

三、普遍性

钱是稀缺的东西，但又不能稀缺到谁都搞不来。钱这个东西不是按照每个人的本事和技能来分配的。有些人没有什么本事，照样也能胡乱弄点钱来花。有些人有本事，就是搞不到钱。没办法，金钱就这个德行。

四、稳定性

稳定性更不用说了，钱不稳定就没法用了。今年可以买一间房子，明年只能买三个鸡蛋，这要老百姓怎么活啊！现实真有这样的事情，2008 年的津巴布韦就上演过这样的一幕。

钱就像一把尺子的尺度，今天长，明天短，盖出不倒的房子很难。

五、易于分割

易于分割是最好理解的，现在的国家发行货币都是由 1 元、2 元、5 元、10 元、20 元、50 元、100 元、500 元组成的，没有哪个国家傻到只发行面值百万的大钞，只发行大钞和不发行没什么两样。要不，你试着拿张 100 万的钞票去买一碗面条！当然，生活中总有意外，2008 年津巴布韦例外啊，那里 50，000，000，000 元一张的钞票买不到三个鸡蛋。

金钱的五大规律，是为了交换的方便，交换的规律就限定了金钱的规律，交换的原则只有一个——公平。

金钱的发明，是为了公平！

Chapter 2

第二章　金钱的公平

发明金钱，是为了交换的方便，交换的规律就限定了金钱的规律。

而交换的规律只有一个——

公平！对所有的人都公平！

所以从一开始，金钱就必须要遵循有关公平的五个基本规律。

一、无价值，只有无价值对每一个人来说才意味着公平，任何价值都只是针对一部分人的。而对于一部分人有价值而另外一部分人无价值的东西，不符合货币的公平法则。

二、稀缺、高成本，让人随便就容易弄到的，不公平。

三、也不能太稀缺，让任何人怎么都弄不到，也不公平。

四、金钱不能发生变化，自己不会减肥或死掉，否则对持有人不公平。

五、金钱不能是一个完整的生命，不能因为拿走一部分，整个钱就死了，要易于分割才公平。

所有一切，都是为了公平。

金钱的公平还表现在——

不因为谁长得丑、出身低，钱就不到他手上。

也不因为谁品德好、长得美，就能弄到钱。

金钱不会因为谁条件低而逃避远离他。

也不会因为谁相貌英俊、才高八斗而垂青他。

金钱如此公平。

可能是这个世界上为数不多的唯一的公平。

在现在这个时代，金钱更加公平，不限制人的任何条件，谁都可以弄到钱。

可为什么很多人穷其一生，就是弄不到几个钱呢?

金钱如水，公平地从每个人身边流过，可为什么有人留得住钱，有人留不住钱呢?

金钱觉悟:

年　　月　　日

C h a p t e r 3

第三章　赚钱的规律

符合金钱规律的生意才是赚钱的生意。

一个真正能够赚钱的生意至少要符合这样的五大特点。

一、它绝对不可能是目前的热点，而是大家不注意的生意——金钱的无价值规律！

二、这种生意不是人人都能够搞得来的——金钱的稀缺性！

三、这种生意是绝大多数人都需要的，就算不需要也想占有的——金钱的普遍性！

四、这种生意一定要符合金钱的稳定性。不管现在你认可不认可，它始终存在，最终得到一致的认可！

五、金钱的易于分割规律。比如现在所谓的“系列产品”，同样的东西，搞出各种不同的价位出来，东西就好卖了。

但生意是人做的，同样的生意，为什么有人做了就大赚特赚，而有

的人做了却亏得吐血跳楼呢?

一个人的立身处世与职业选择，如果能够符合金钱的五大规律，那么他不赚钱的可能性，简直不存在。而如果一个人的行为与这五条全不搭界，那么他赚到钱的可能，微乎其微。

人生就是我们自己最大的生意，也是我们在这世界上唯一的生意。

有很多东西，你不服不行!

如果你赚到了钱，你就是标准，如果你没赚到钱，钱就是标准。到底是你硬还是钱硬，看的是你的钱有多少，而不是看你的脾气有多大!

这世上做什么生意最赚钱？

“比赚钱更赚钱的生意，肯定赚钱。不如赚钱赚钱的生意，肯定不赚钱。”

比如说，你花出去了 100 元，后来变成了 200 元，你就赚钱了。如果你花出去了 100 元，后来只变成了 50 元或一分钱也没有了，你的账目可就有点麻烦了。

所以你一定要学会给钱画一个价格均衡线，弄清楚钱的价值。

Chapter 4

第四章　钱值多少钱

金钱自有金钱的价值，我们平时看到的都是金钱的价格。

价值是金钱的一条直线，而价格是围绕价值的一条时而在上时而在下的曲线。你做价值线以上的生意，你就好好数钱吧。你如果做价值线以下的生意，等着亏吧，不明就里的人，还怨天尤人。

但是，我们怎样知道这样一条价格曲线呢？人的信息半径决定了人的人生成就——谁让我们的视线只能看到这么远的距离呢？

这样一条曲线应该怎样画？其实根本不用你来画。有人专门干这个事，只要你找到他，把他画出来的现成的曲线拿过来瞄上几眼，心里就有数了。

这个闲着没事乱画曲线的人是谁？

银行！

一旦我们弄明白了金钱的固有规律，我们就会比任何一个经济学家更能洞察这个世界。

这条金钱的曲线谁都可以不画，但银行却是非要画不可，因为这条曲线如果银行不画的话，闭着眼睛乱贷款，就会把钱贷给比开银行还赚得少的行业，这就预示着呆账死账的出现，预示着银行会破产倒闭。

我们刚刚进入市场经济没有几天，实际上我们的银行也没有弄清楚这条曲线应该怎么个画法，可是他们知道把钱贷给谁最划算。

这就够了！

所以，在一个稳定而和谐的社会，它的银行业的收入一定要在社会的中等左右，如果银行进账太多，那这个社会没有什么生意好做的，快离场吧！

如果银行业冷落，那就更麻烦，这说明经济正在过热，所有人都在贷款做生意，快收手吧。宏观调控要来了，小心套住。

这条曲线就在银行业资深人士的心里，只要你对银行近期贷款政策多加关注，这条曲线就会延伸到你的心里。比较市场的曲线，就该轮到你发财了。

金钱有很多的朋友，我们每个人都想成为它的朋友，但比朋友更了解你的是你的敌人，你想彻底了解金钱，就要知道它的敌人是谁，知道敌人是谁，才能真正地了解金钱。

C h a p t e r 5

第五章　金钱的敌人

财富是一个封闭的概念。

金钱则是一个开放的概念。

财富是建立在农耕文明的基础之上的。

而金钱则象征着彻彻底底的商业文明。

财富比金钱的概念出现更早。钱没出现的时候，已经有财富了，金钱后来的出现是为了方便财富的计量、储存和交换。

谁是金钱的敌人？谁是金钱的朋友？不弄清楚这个问题，金钱就没有法子在这个世界上混。

那么金钱的敌人到底是谁呢？

答案出乎你的意料！

金钱的敌人，就是财富。

金钱和财富难道不是一码事吗？怎么财富反倒成了金钱的敌人？

金钱与财富根本是两个不搭界的概念，富人未必有多少“钱”，持有“钱”的人未必富有，这绝不是什么空洞的大道理，事实如此。

追求财富有追求财富的策略，获取金钱有获取金钱的办法，所以明智人喜欢谈财而不言钱，不是他们对金钱有什么成见，而是他们知道财富才是真实的，而金钱只是虚名。

再直白一点：财富比金钱更早出现，如果金钱是财富的话，那没有金钱之前，难道世界上就没有财富了吗？

所以金钱是金钱，财富是财富，虽然我们经常把这两个话题搅和在一起，但这样做的目的是为了让别人糊涂，而万不可先把自己搞糊涂了。

把金钱和财富两个完全不同的东西混为一谈，是许多人白活了一辈子却始终见不到钱的根本原因。

事实上，金钱与财富的区别之中，隐含着一个致富的重要观念，研习理财之术的人士都知道这一点。银行利息一下调，有些人就损失得大放悲声，而另外一些人却因此眉开眼笑，前者就是错把没有任何价值的“钱”（钞票）当作财富的人，而后者，他们从一开始就是将钱视为聚敛财富的手段。

财富是需要创造的，而钱只是开动印刷厂就行了。国家可以一天印刷几十个亿，那么你可以一天创造几十个亿的实际财富吗？一天盖几十个亿的高楼吗？

钱是假的！它从开始就只是一种工具，一种手段，过去是，现在是，未来也是。而不明白金钱真相的人，永远在贫穷的六道中轮回，永不超生。

暮鼓晨钟，难醒执迷之人！

不要让手中有太多的“钱”，而要让钱成为工具，配合你拥有更多真正的财富！

金钱觉悟:

年　　月　　日

Chapter 6

第六章　真正的财富

财富居然是金钱的敌人。

有钱不一定富有，富有也不一定有钱，富人有很多的财富，可能却没有多少“钱”，不仅没有钱，甚至还欠银行很多钱。

钱不是真正的财富，财富和钱大不相同。

世间万物，皆是财富。唯有钱，只是钱，一张能交换的纸而已！

钱只是一个工具，一个量化财富和聚敛财富的工具。

如果还不能明白，我们穿越一下时空，在民国末年，给你 1 个亿，可以买到什么呢？三粒米！

回到现在，在南非的津巴布韦，给你10000个亿，可以买到一个鸡蛋。

在一个无人的沙漠，给你100个亿，不如给你一瓶水、一个面包。

能直接解决你需求的才是财富。

钱只有交换价值，没有任何使用价值。钱只有在特定的环境下，才能够实现它的价值。

商人很懂得这些，通过努力赚到了一点钱，然后把钱变成商品，再把商品卖成钱，让钱和物之间风车一样地转动，得以聚敛财富而成商人。

商人并没有为社会直接创造财富，商人没有让商品增值。商人只是提供了一个商品流通的服务，赚的是服务费。

真正的财富是创造。把100元的东西通过创造，变成一个有200元需求的东西，就创造了100元的财富。

钱只是一个转换的工具而已，绝不要看成真正的财富，钱是假的！钱不是创造出来的，而是……

金钱觉悟：

年　月　日

C h a p t e r 7

第七章 白纸变金钱

白纸是怎样变成钱的？

看一下美元的制造过程：9.5 美分的成本可以印刷 100 美元，就可以换取 100 美元的商品或者 100 美元的等值服务，成本只要 9.5 美分，谁都愿意这样做印钱的生意。

“钱”是什么？钱只是假象。

记住金钱的真相：钱是假的！

第八章　货币游戏

Chapter 8

19 世纪初期，德国马克破产，十亿马克只能买一个面包，一位老婆婆为了买一个面包，用三轮车拖“钱”，在交易的搬钱过程中，三轮车被人偷了，钱却洒了一地。这是当时德国的真实报道。

货币不能吃，不能喝，没有任何直接的使用功能！

货币只是一个国家的信用，也就是只有人们相信国家能够回收才有价值。

说得直白一点，货币就是一张国家向人民打的借条，然后这个借条可以互相借用！

穷人也许有很多的“钱”，可“钱”越来越不值钱。

看不到真相的人在未来手中的钱也许一分不会变少，却会无端

地损失惨重，因为那时鸡蛋十元钱一个，盒饭50元一盒……

货币来到这个世界，本来就是一场游戏！

游戏，就有规则，如何掌握游戏规则来让自己获得最大的利益，或者至少不受到损失？

拥有钱不能让你富有，甚至光有“钱”会更贫穷，富人的“钱”很少，他们之所以富有，是因为他们拥有比“钱”更有价值的东西——资产。

资产：就是当你什么都不做，还能让钱进入你口袋的东西。

金钱觉悟：

年　　月　　日

C h a p t e r 9

第九章 真假资产

富人的“钱”很少，他们之所以富有，是因为他们拥有比钱更有价值的东西——资产。

出租的门面，经营的商场，拥有的专利，作品的版权……

资产：就是当你什么都不做的时候，还能让钱进入你口袋的东西。

负债：就是当你什么都不做的时候，还要把钱从口袋拿出去的东西，而当你没有收入的时候，负债会成为吃掉你的老虎。

很多人贫穷一生，只是因为弄不清楚什么是资产，什么是负债，更要命的是，把负债当资产。

一套30年分期付款的房子，很多人说是资产。银行的人和卖房子的人告诉你：“买吧，房子是资产！”他们说错了吗？没错，房子确实是资产。可没有告诉你，房子是谁的资产。房子确实是资产，但它是银行的资产，

而不是你的资产，它是你的负债。因为这样的房子是要让你每月从口袋里拿出钱的东西，而不是让钱进入你口袋的东西。

不信，你试试两个月不交房贷，就知道房子是谁的资产了。

一定要分清是非敌友，分清真假资产。

其实富有很简单：认清假资产，多买真资产。

金钱觉悟:

年　　月　　日

Chapter 10

第十章　神奇的复利

财富的增长并非靠银行储蓄，而在于理财，理财的方式不同，人生天壤之别，复利是理财最神奇的方式。

有这样一个故事：传说一位印度大臣，发明了国际象棋，献给国王，国王玩了很开心，要奖赏大臣。大臣看来并不贪心，说在国际象棋的棋盘上第1格子放一粒米，第2格子放2粒，第3格子放4粒，第5格放8粒，后一格是前一格的两倍，一直到 64 格。算式为 2^{64}=184 467 44 073 709 551 615。

按照普通大米 600 粒为 50 克计算，总重量约为 15 311 亿吨！这个数量很惊人，按照目前世界粮食总产量 20 亿吨左右计算，是将近 800 年的产量。国王后来惊呆了，请求大臣只要放过国王的这个承诺，愿意给他一座城池。

这是不可思议，我们认为绝对不可能但真实存在的事实。

复利是世界第八大奇迹，是宇宙中最强大的力量之一。

——爱因斯坦

所有生意的做大，都是因为钱的复利和人的复利。

理财需要良好的复利计划，加上足够的耐心和时间，你的资产便会滚雪球般地增大。

巴菲特说：人生就像滚雪球，重要的是找到很湿的雪和很长的坡。

自己人生的湿雪和长坡在哪里呢?

金钱觉悟:

年　　月　　日

Chapter 11

第十一章　财富的顺序

财富的经营是有顺序的，顺序的前后安排不当，财富的结果完全不同。同样的财富，有人因为合理安排财富的顺序而富有，有人因为财富的错误配置而愈加贫穷。

20 年前，有两个人，手中都有 20 万的财产，都做了 20 万的事情。一个人买了一辆小轿车，一个人买了一套房子，当时的车很贵，房子很便宜。那个年代，有小轿车是一件值得炫耀的事情，没有多少人想过房子未来的变化。

今天，买汽车的人车子没有了，车子因时而贬值，也没有什么财富了。而买房子的人不仅有了几套房子，房子的增值让他车子也有了，财富还在不停地增值。

财富的顺序如此重要，先配置什么后配置什么一定是有流程的。比如穿鞋子的流程，一定是先穿袜子，后穿鞋子。可在财务上，偏有人先穿鞋子再穿袜子，虽然做了同样的努力，但因为顺序的错误而得不到好的结果。

流程决定了财富的顺序，思维也大不相同。

穷人的思维是立刻要回报，即时满足的欲望蒙蔽了看到未来的眼光。而富人的思维是延时满足，为未来放弃眼前的享受，着眼于未来的希望与回报。

贫富是由思维决定的！

金钱觉悟:

年　　月　　日

Chapter 12

第十二章　银行的产生

商业银行最初在英国产生，它是由打造和保管黄金的金匠铺发展起来的。

人们携带黄金不方便，更不安全，于是把黄金存在金匠铺。当时存黄金，不但没有利息而且得交一定的保管费。

人们在金匠铺取回自己的黄金时，最开始只取回自己原来存的那份黄金。后来人们只要求取回和自己原来那份价值相等的黄金。

追求利润的金匠（银行）家们渐渐发现，虽然存款是一定是要偿还的，但并不是所有的存款都会同时要求提取。那么暂时不会提取的黄金可以用来放贷获利，商人总是逐利的，总会想办法把利益放到最大。于是金匠铺由收保管费变成了不收保管费，甚至还给利息，让暂时不用黄金的人，尽量把黄金放在金匠铺里获利。

在放贷出去的金额和准备提款金额之间，有一个临界点。所以，准备偿还的资金并不要求和存款总量相等，这就形成了近代“部分准备金”银行和现代的“法定准备金”要求。

金匠铺在向银行发展的过程中，保管功能发展成储蓄的功能，百分之百的准备金换成了部分准备金或法定准备金。

于是，产生了银行的雏形。

金钱觉悟:

年　　月　　日

Chapter 13

第十三章　必要的寄生虫

走在城市的大街上，银行大楼也许是最引人注目的，它最高、最气派；在银行工作也让人羡慕，他们收入颇丰，衣着光鲜，气质优雅。

可是再一想，银行本来没有钱，钱基本来自储户，它把钱贷出去，坐收利息，再把利息很少的一部分给储户，余下的都留给自己。它吃的是存贷利息的差额，盖起了摩天大楼。

银行是个不劳而获的主儿，它靠两头吃。凭什么银行能这么做，社会为什么会允许这样的机构存在呢？

为什么手里有闲钱的人，不把钱直接借给需要钱的人，而宁愿接受银行的“盘剥”呢？

每个人手里的钱是有限的，意味着，多个人只能把钱借给一个人用。但是，作为储户，不知道谁需要钱，也不知道借钱人的信用，也不知道

投资项目的安全性，于是无法成交。

再看贷款人，需要的钱比较多，要向很多人融资，他也不知道谁有闲钱，就算知道，也要跟许多人进行谈判，时间和成本太高，并且每个人的需求、要求不一样，基本上是谈不成功的，结果一定是，没有人借钱。

还有，如果只是单一一个项目，赚了就全赚，亏了就全亏，收益和风险太大，无异于赌博，大多数人是不会冒险玩这个游戏的。

如果有了“钱的中间商”——银行，这些情况就发生了变化。

对于借款人，银行用信用担保安全；对于贷款人，不用跟许多人谈判借钱，成本很低。银行也有专业的机构调查投资的安全性。

而且，银行集中资金后，贷款的项目很多，有亏有赚，银行有专业的知识，会让贷出去的钱总体上是赚钱的。

于是，资金就高效地配置到了最需要它的地方，交易因此增加，就业和社会财富也就相应增加了。

银行为社会节省的费用和创造的财富比起来，收取的存贷款利差，简直是小菜一碟。这就是社会容许银行这个“寄生虫”存在的根本原因。

一个对社会没有贡献的组织和机构，无论如何也不会长久存在的！

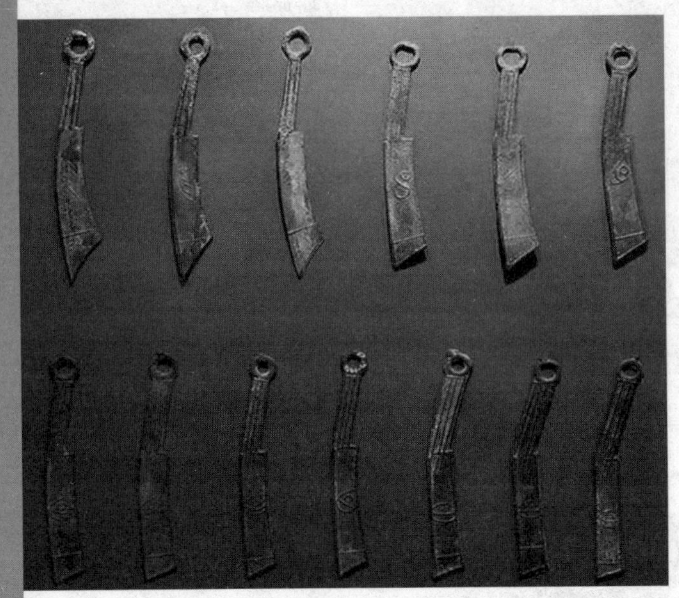

第十四章 货币简史

Chapter 14

$

货币不是一开始就是用纸做的。
货币经历了历史的演变和进化。

最开始社会的物资非常少，全靠人们自给自足，只有少量的物资要进行交换，是以物换物进行的。随着生产力的发展和社会的分工，交换量增大，于是需要一种统一、通用的中间交换物——通货。

较早在交换过程中使用的货币是贝壳，至今我们的财富中都还有“贝壳”的痕迹，如宝贝、财富、富贵、赠送、贿赂、贩卖、货物……

后来，因贝壳易损坏也不便于收集和交换，不符合金钱的稳定性规律而被淘汰，逐步演化为金属货币。

最初的货币是贱金属，后来又深化为银，再到后来的金。

但是金属货币在重量和成本及铸造上的问题，造成使用、流通等方面巨大的不便。再加上交易的扩大，世界上没有那么多的金银去充当货币，于是各国开始发行纸币，如世界上最早的纸币——宋朝的交子，清朝的银票等。

最初的纸币是根据国家金银的多少按比例发行的，后来发展成了脱离与金银挂钩的“金本位”。

从实物货币到纸币，是一种由真实价值到信用方式的转变。

最近几十年，一些新的货币形式正在出现，比如现在流行的电子货币。电子货币无形无影，它依托金融电子化网络，以电子信息传递的形式实现货币流通和支付的功能。

银行卡就是我们常见的电子货币载体之一，电子货币的产生是货币史上的一次飞跃。

现在，电子货币已经广泛地渗透到现代生活中，它在完成交易支付时比纸币更加便利和快捷。此外，与纸币相比，电子货币更不易被伪造，使用起来更加安全、便利。

电子货币和各种银行卡币的出现，让货币的成本更低，流通更快，对经济的发展起到了巨大的推进作用，造成了社会经济一段时期的繁荣。

金钱觉悟：

年　　月　　日

Chapter 15

第十五章　收入之谜

工资收入是很多人的原始积累，积少成多的收入用于不同的经营和投资，人生于是大不相同。

人们经常对自己的收入不满意，认为收入太少，生活太贵。

工人希望多发工资，少干活；老板则希望工人多干活，最好不要工资。

收入的多少是有规律的。

创造多少价值，就会提成部分价值成为收入，所有的收入其实都是提成。所谓的固定工资和底薪，其实是一个公司总收入的提成之后的重新分配而已。

总结一句话：世界是公平的，收益与风险永远成正比。

对收入不满意时，请看以下几种决定收入多少的情况：

一、工作的愉快程度：纺织工人的工作更复杂，环境差，因而其收入比缝纫工人的收入高一些。

二、危险程度：矿工的工作危险，所以收入比铁匠的收入高。

三、学习的难易：律师和画家等职业需要学习和培训，而搬运工扛木头、挑担子等工作不学而会，所以收入低。

四、工作的稳定与否：月嫂工作不稳定，收入高；一般保姆工作稳定，收入低。

五、责任的大小：珠宝工人的责任大，一旦珠宝制造失败，损失非常大，所以收入高；而普通裁缝责任小，于是收入低。

六、成功可能性的大小：歌星、影星的成功机会小，很多人努力一生，也难成功，所以成功后收入高；普通的音乐教师，成功的机会高，则收入低。

所以，我们在观念上要认识到：收入高，工作又愉快，又不危险，又容易，又稳定，责任又小，成功概率又极高的工作，在这个世界上不存在！

金钱觉悟：

年　　月　　日

Chapter 16

第十六章　欲望

人活着就有欲望，欲望的意思是“想要”，比如饿了想要吃饭，渴了想要喝水。欲望最大的特征就是无穷大，我们平常说的“欲壑难填”，人的欲望没有止境，除非生命结束。

明朝有个朱载堉的人，传说是明太祖朱元璋的九世孙，写了一首《十不足》：

终日奔忙只为饥，才得有食又思衣。
置下绫罗身上穿，抬头又嫌房屋低。
盖下高楼并大厦，床前却少美貌妻。
娇妻美妾都娶下，又虑出门没马骑。
将钱买下高头马，马前马后少跟随。
家人招下数十个，有钱没势被人欺。
一铨铨到知县位，又说官小势位卑。
一攀攀到阁老位，每日思想要登基。

一日南面坐天下，又想神仙来下棋。

洞宾与他把棋下，又问哪是上天梯。

上天梯子未坐下，阎王发牌鬼来催。

若非此人大限到，上到天上还嫌低。

这首诗把人的欲望无穷的特征刻画的形象生动。想想，也的确如此。

欲望太大，必然不能全部得到满足。欲望得不到满足的状态，就叫做“痛苦”。

有了欲望，就要想办法满足，否则就会陷入痛苦之中。

满足欲望的手段，叫作“资源”。

资源的特点跟欲望相反，与人的无穷欲望相比，资源总显得不够，资源的特点就是“稀缺”。

欲望人人有，资源却稀缺，所以，痛苦是必然的。

人生的目的是快乐，它是痛苦的反面。人，必须解决资源稀缺与欲望无穷的矛盾，才能让痛苦少一点，快乐多一些。

金钱觉悟:

年　　月　　日

Chapter 17

第十七章　金钱的智慧

$

人的智慧有高有低，并且随着年龄的增长，都会有不同程度的降低、贬值，发生变化。

而金钱的智慧，从印制出来的时候就是恒定的，100 元就是 100 元，5 块就是 5 块，不会随着钱的新旧程度而发生变化。

所以在理论上，钱的转换与升值机会是一样的。

会用钱的人，钱就转换升值快；而不会用钱的人，钱一出去就不再回来。

金钱只有流动才能增值。可现实是，自己的金钱在流动，别人的金钱在增值。

每一块钱都有相同的智慧，就看用钱的人如何运用。是让钱静静地睡在那里？还是让它出去辛勤地劳动？

每一块钱都是一个不用发工资、不会闹情绪、勤劳无抱怨的忠实仆人。让钱多做事，还是少做事，或是不做事，你自己

管理！

有人让钱闲人忙，有人让人闲钱忙！

金钱的发展变化充满了无限的可能！而发挥金钱智慧的人，起了决定性的作用。

人的智慧有高有低，于是阻碍了金钱的智慧。

“我希望每个人钱包里的钱能相亲相爱，然后生很多小孩；我更希望每个人钱包里的钱能像香飘飘奶茶，连起来可绕地球无数圈。”

金钱觉悟：

年　月　日

Chapter 18

第十八章　没有免费的午餐

“天下没有免费的午餐”，是人们经常说的一句话，你真的明白这句话吗?

如果有人请你吃午饭，他出钱，不附带任何条件，这是免费的吗?

不是!

因为你用于和别人吃饭的时间，是你的资源。这段时间资源，你可以有很多的用途：用于上课学习，和朋友聊天，和美女约会，谈生意，陪父母老婆孩子，玩游戏，上网赚钱，甚至闭门思过，遐思冥想……如果你吃了这顿“免费的”午餐，你就放弃了其他的享受，这些享受中的某一项价值可能比吃这餐饭更有价值。

这些都是你的成本，在经济学中叫“机会成本”。

任何一种资源，比如你的时间、你的每一块钱，都是有多种用途的，用在了这个用途，就意味着放弃了另外的用途。

一件事情的机会成本，就是由于做这件事情而放弃另外的一个价值。

比如你手中有 10 万，有无数的选择。假如你投资到 5 家公司，可以赚到 20 万、50 万、100 万，也可以亏 5 万，甚至血本无归。那么你的机会成本最大的价值是 100 万，如果你选择做了一个 20 万的事情，表面好像你赚了 10 万，实际你亏了 80 万，你放错了地方，因为你没有放到最大价值的地方。

你放弃的收入，也是成本，而你没算上。

更有甚者，辛苦了一年，没有亏钱，认为今年没有亏钱。

一年青春时光的这个成本呢？

时间也是我们的成本，而且是人生最重要的机会成本。

“机会成本”的思维模式，能够让我们学会把有限的资源放到最有价值的地方，让人生过得更明白、更幸福。

金钱觉悟：

年　　月　　日

Chapter 19

第十九章 最有钱的人

世界上的有钱人只有两个：一个是银行，一个是消费者。

钱是银行发行的，它当然是有钱人。

我们努力工作，提供服务，它就把钱发给我们。然后，我们拿到钱，又把钱还给了银行。

钱从银行出来溜达了一圈，又回到了银行。而我们在这一圈中莫明其妙地干了一大堆的事情。

真相总是让人奇怪和莫明其妙。

钱出现了以后，就有了第二个有钱人——消费者。

金钱觉悟:

年　　月　　日

在商业环节中，比如开商场、请员工、进货、制造产品、销售、广告、房地产开发，等等所有的环节，都只是在花钱，没有得到一分钱的利润。

所有的商品，只有在消费者购买的那一瞬间，才产生了利润。

消费产生利润，其余都是成本。

要想成为有钱人，就要和这两个有钱人打交道。

一、要么开银行赚钱，要么学习银行赚钱的模式。

二、服务好消费者这个有钱人，让它忠诚于你。

Chapter 20

第二十章　谁改变世界

世界上的有钱人只有两个，于是赚钱只有两个方向：

一、做银行的事情。

二、消费者投（钞）票。

所有赚钱的事情，都是消费者说了算，哪怕是银行。

银行如果没有消费者的另类“投资”——存钱，银行也只有关门的份。银行知道钱是商品，于是把钱低“买”高“卖”，利用时间差和利率差赚取中间的利润。银行的本质和普通的超市其实没有什么区别。

在供不应求的年代，有钱不一定能买到商品，那个时代的消费者没有力量，有商品就等于有钱。

现在进入了工业化和信息时代，商品供过于求，信息公开透明，这个时代，消费者说了算，有消费者才是有钱。

所有的企业，只要没有消费者的参与和支持，再大的规模、再强的实力都会垮掉。一个企业，只有获得了消费者的支持，才能长久、安全的发展。

拥有了忠诚的消费者，才是最安全、最有保障的投资，其余的投资都有风险。

投资以人为本，以拥有多少忠诚的消费者为基本。

这是一个消费者主宰的时代，终端消费决定一切商品和企业的价值。

消费改变世界！

金钱觉悟：

年　　月　　日

EXCHANGE RATE
FINANCE
ECONOMY

C h a p t e r 21

第二十一章　归还

一个便宜三个爱，没有人不喜欢便宜。

折扣很多时候是一个陷阱。

一件衣服 1000 块，但手中只有 1000 块，舍不得买。突然有一天打 5 折，就买了，还说：“我省了 500 块，相当于赚了 500 块，省钱就是赚钱。”

我们看一下，如果不打折，你手中有多少钱？ 1000 块！可打折让你手中只剩下 500 块？！

商家打折是为了弄走你不想花的钱！

在投资资产的时候，省钱等于赚钱。可用于消费方面，省钱反而用掉了可以不用的钱。

可是，难道我就不买衣服了吗？必要消费只是生活的一部分。

可是很多人却把消费当成了生活的全部，没有留下足够的钱来回报自己真正的需要和未来的人生，都把钱都变成了消费，变成了贬值的东西。今天回到家里看一看，家里的哪样东西是升值的？

以后买东西时，先问问自己，这个东西是必要的还是想要的？买了可以增值吗？这个钱用出去后还能回来吗？如果不是，就忍住冲动，将掏出的钱再放回口袋。

现在是一个制造工业发达、商品生产过剩的时代，是一个由消费者说了算的时代。

在任何行业中的财富创造者就是利润获得者。而唯独消费者创造了所有的财富，只得到了每天贬值的商品，而没有获取利润！

圣经说：恺撒的就应归还恺撒，上帝的就应归还上帝。

今天，消费者的利润应归还给消费者，实现了消费循环的企业，才能真正的赢得消费者！

第二十二章 “奴隶社会”

忙碌的人们可能全然未觉，我们正处在一个万物被商品化的时代。从某种意义上讲，我们再一次回到了“奴隶社会”，但奴役我们的奴隶主不再是某个人或某个集团，而是金钱。

“我们被金钱所奴役！”通常被当作是哲人的批判。

这句话带给我们的启示是：假如人变成了金钱的奴隶，那么便自然会听命于那些掌控金钱的人。

当世界上所有的一切都是以金钱来衡量的时候，掌控金钱就等于掌控了这个世界。

阳光和空气已经成了商品，这个状况已经间接地开始发生了，就发生在我们的身边。你想享受阳光房、享受好空气的时候，你要多出钱，没有钱的只有住在阴暗的角落，忍受糟糕的空气。

有钱的在生活，没钱的求生存。

为了生活，为了住进阳光房，为了呼吸相对干净的空气，为了孩子有良好的教育……我们拼命地去赚钱，努力地追求目标，成为房奴、卡奴、学奴、工作奴，浑然不觉地度了一天又一天，直到停摆死翘为止，依然没有怀疑过这一切，并美其名曰：努力奋斗！

努力努力，“努”字拆开：奴隶下力。

其实，我们已经变成了奴隶，只是到死依然不觉。

忙忙碌碌，碌碌无为，忙忙忙忙，心亡为忙。

商业有商业的规则，奴隶有奴隶的选择。

金钱是一种观念，而不是一个方向。

要想得到金钱，

必须种下金钱的思想，

金钱是我的工具，

金钱为我所用，

金钱是我的工人，

金钱为我工作，

金钱要忙，人要不忙，

不要成为金钱的奴隶，要成为驾驭金钱的主人！

有金钱观念的，会得到更多；没有金钱观念的，会失去更多。

“凡有的，因为他已具有，故还要赠予；没有的，连他原有的都是要剥夺。”——《圣经》之《马太福音》

第二十三章　金钱所知障

钱的用途，是人都知道。

但如果没有交换的市场，钱和纸却没有区别。

钱不是万能的，没有钱却又是万万不能的。

“金钱如粪土，仁义值千金”的古训又是如此地矛盾：既然金钱是粪土，仁义却又用“值千金”来结算呢？那不就是仁义如粪土吗？

钱是人使用最多，却了解最少的东西。

人对钱的认识矛盾而又模糊，喜欢而又恐惧。

都说瞧不起“臭”钱，一边又做梦都想得到更多的“臭”钱。

这种矛盾也体现在生活中，就像一些人，上班对老板俯首听命，下班说老板又蠢又笨。问题是，如果老板又蠢又笨，为什么不是老板给你打工？

如果钱“臭”，人为何又争着成为“臭”钱的奴隶！

这些思想的矛盾就是鲁迅笔下的阿Q——精神胜利法：我虽然穷，但我瞧不起你，我在精神上是胜利的！

为什么东方的故事多讲的是穷秀才遇到富小姐？西方的故事多是王子爱上灰姑娘。西方的故事多是努力创业、共同奋斗的励志故事。东方的故事多是长工聪明地主笨，地主经常被长工戏弄。

阿Q们得出一个结论：有钱人都是笨蛋！

现实也看到一个现象：满街都是有才华的人，他们很穷！

这些教育让我们对金钱产生了错误的认知，我们又用这些错误的认知去分析金钱，增加了我们认知金钱的障碍。

佛学中说到人生有一些障碍，其中一种叫“所知障”。是说所学的知识如果不会善用的话，反而会变成人生的障碍。

看看现实中那些精神病人，都是很聪明的人，他的知识不仅没帮他解决人生的问题，反而把他变成了那个样子，他的所知反而成了他的障碍，那他不如无知。

拥有知识不是力量，善用知识才是力量。

应该明白了，为什么满街都是有才华的穷人？

我们今天抛却过去对金钱的障碍，重新认识金钱：钱本身并无臭味也无香味，本身也无力量，是不同的人让它有了分别，有了香臭之分，有了力量大小，抑或是有了恐惧，成为天堂，成为地狱。

天有九重天，地狱十八层，你的心在哪里，你就在哪里。

你的障碍在哪里？你的金钱就在哪里！

Chapter 24

第二十四章　金钱的弱点

金钱最大的弱点，也正是金钱最大的优点。

那么金钱最大的优点是什么？

再想一想，金钱的弱点，也正是人性的弱点，如果不是人性的弱点存在，金钱的弱点也不可能存在。

有一个笑话最能够体现出金钱的弱点。在课堂上，老师向学生提问：铁放在外面会生锈，那么请问，金子放在外面会怎么样呢？

学生们回答：会被人偷走。

这绝对是一个标准答案。

人们为什么会偷走放在外边的金子呢？

大家怎么会一眼就认出他从未见过的金子并迅速地将其偷走呢？

再看看我们手中的纸币，各国所发行的货币完全不一样，文字不一样，图案不一样，大小也有区别，可哪怕是一个从未见过洋人纸币的乡下老婆婆，也能够将我们的货币区分开来。

这就是金钱最大的弱点：

简单！

任何时候你都能够一眼就辨认出它们来。

金钱是一种你绝对不会认错的东西。

任何人对于金钱的判断都是简单而直接的。

金钱是跨世界、跨阶级、跨种族、跨时代、跨智力的东西。

唯其这一特点，才能够构成任何一个人在金钱面前的平等博弈。

简单，超出你想象的简单。

金钱将人与人之间的一切差距拉平。

在金钱面前，哪怕是三岁吃奶的孩子，也和学识渊博的智者是平等的。

在金钱面前，哪怕是小偷小摸的窃贼，也和善良的君子是平等的。

在金钱面前，哪怕是国色天香的美女，也和街头肮脏的乞丐是平等的。

简单，超乎任何人想象的简单！

唯其简单，所以平等。

这就是金钱的致命弱点。

只要你把握住了这一点，你就获得了改变自己命运的机会，就等于拿到了打开幸福之门的钥匙。

金钱觉悟：

年　　月　　日

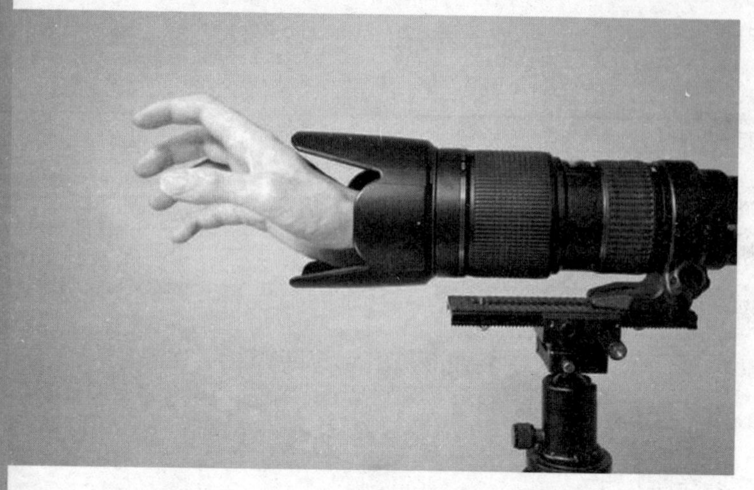

C h a p t e r 25

第二十五章　抓住金钱的弱点

抓住金钱的弱点，是我们获得财富的不二法门。

无论你做什么事情，只要契合了金钱的这一弱点，你所做的事情就能够得到所有人的接受，这就为你的成功构筑了一个最基本的条件。

越是简单明了的事情越是容易赚钱！

越是面向大众，钱越是容易赚到。反倒是那些费尽心智，不太容易让人一眼看明白的事情，钱难以赚到手。

李白斗酒诗百篇，可是他不如长安最粗俗的商人更容易赚到钱，因为他那奔放华丽的诗篇不是人人能够看懂的，更不是每个人都需要的。

“云想衣裳花想容，春风拂槛露华浓。若非群玉山头见，会向瑶台月下逢。”

这首诗你出多少钱?

你一分钱都不会付，但是酒家的酒菜钱你不付一个试试?

不是曲高和寡，更非怀才不遇，而是金钱的普遍性价值规律在起作用。你不能和规律抬扛，更不能和金钱过不去。

现在有头脑的父母在指导子女学业的时候，大多让孩子选理工科而不是文科。因为理工科搞出来的东西一目了然，理工科搞出来一台电视机，连文盲坐在前面都能够看懂电视节目，可是文科生绞尽脑汁创作出一部哪怕问鼎诺贝尔奖的小说，可他决不可能让文盲也为他的劳动付钱。

而搞工建的学生更容易混，哪怕是建筑生搞一幢破破烂烂的楼房出来，即使是盲人也决不会挑剔，因为他看不到电视节目，却和任何人一样需要住房。

简单是最直接的需求。

当最基本的生理需求已经不再是那么难以满足的时候，人们迫切寻求的是对于自己社会身份的肯定，追求一种归属感和认同感。

几乎所有商家都已经掌握了这一规律，所以目前的商品不求有用，只求身份和潮流。所有人都在购买的东西你一定要买，别人都有手机你没有手机，别人觉得你是怪物。别人都有汽车你没有汽车，别人觉得你很无聊。

为了不当怪物，你只有掏钱。

这些金钱的弱点，都意味着金钱的机会。

还有一条，永远别指望用智慧赚钱。

不是金钱不承认智慧的价值，而是智慧违背了金钱的平等规律，如果只有智慧较高的人才有资格占有金钱的话，那么这对于那些天然的不占有智慧资源的人而言就意味着最残忍的不公平。

金钱要求你在运用自己的智慧资源的时候，要多想一想这世界上那些无法与你相比的人。

金钱觉悟：

年　月　日

第二十六章　金钱铭训

洞悉金钱的智者知道，金钱一旦被创造出来，就与它的创造者无关。这个从魔瓶被释放出来的可怕精灵，将依它自己的行为准则而肆意妄为。

就像核武器爆炸的时候，不会因为你是创造者核武器就不炸你。世上没有这样的道理。

核武器不认人。

因为规律不认人。

认人的就不叫规律。

核武器不认人，金钱也是这个态度。

财富是一个封闭的概念。

金钱则是一个开放的概念。

财富是建立在农耕文明的基础之上的。

而金钱则象征着彻彻底底的商业文明。

金钱是世界上唯一能够与权力相抗衡的力量。界定这个世界游戏规则的势力有两种，一是权力，二就是金钱。权力是靠社会等级建立起来的，没有等级还叫什么权力？但是金钱这东西天生就是平等的产物，社会地位低下的人完全可以借助金钱的力量，将自己的社会地位及影响与等级较高的人拉平。

用权力攫取金钱，就意味着对金钱的亵渎！

金钱是一种你绝不会认错的东西。

金钱是跨世界、跨阶级、跨种族、跨时代、跨智力的东西。

越是简单的事情就越是容易赚钱。

比简单的事情更容易赚钱的，就是那些虽然简单，但相对于别人却未必容易的事情。

社会身份的识别是比任何买卖更要赚钱的生意。

最有效的永远是最直观的，最直观的永远是针对人的最基本的、低层次欲望的。

永远别指望着用智慧赚钱，这是一条你必须要铭记的训诫。

规律是可以认识的，财富的规律也是可以认识的，只有认识了财富的规律，才能够知道如何运用这一规律为我们的人生幸福服务。

金钱觉悟:

年　　月　　日

第二十七章　金钱如粪土

金钱导读：当一个人的购买力远远大于他的支出时，他就真正做到了视金钱如粪土。如果没有到这一步，金钱则视你如粪土，金钱就是这个脾气，你不服不行，这个世界比的是你的钱有多少，而不是你的脾气有多大，这是一条黄金规则。什么是“黄金规则”？就是有黄金的人制定的规则！

人为什么喜欢钱，有人为什么甘愿沦为钱的奴隶？

钱是一般等价物，具有中介的属性，万物都可用钱去衡量和交换。如果是一个物物交换的世界，就不需要钱。但这个世界的交易太多，不可能都实现物物交换，人类发明了这个中介物——“钱”。

但是，如果一个人拿着的钱到一个荒无人烟的孤岛去生存的话，那么钱和荒岛上的石头、沙子并无区别，可能只多一个功能——烤火。钱只有与商品“交换时的那一刻”才具有价值。

有时候钱也可以变作商品来交易，比如高利贷、银行贷款、不同国家货币之间的交易等。

挣钱的过程也是个交易，挣钱的多少取决于交易物的价值，所以有的交易一次可能赚几亿，有的交易可能一次只能赚几元。

对于大多数人来说，挣钱是个痛苦的过程。

这个世界上 20% 的人掌握着 80% 的财富。80% 的人争夺着剩下 20% 的财富，赚钱当然困难。

而这 20% 人的几乎都是商人，纵观历史上最有钱的人永远是商人。

商人拥有最多的“商品与钱的交易机会”，商人手中有大量的现金交易量。但是商人的风险也是最高的，当商人的商品不能和钱交换时，商人面临的是负债和破产。

收益与风险成正比是永恒的真理！

对于大多数打工者来说，靠稳定的工作来发财是不可能的，打工者中最挣钱和最不挣钱的都是销售工作者，因此想赚钱的普通人只有做销售。

比尔盖茨说过，当你拥有一个亿的时候，钱对于你来说只是个符号。

什么是“黄金规则”？就是有黄金的人制定的规则！

所以购买奢侈品的往往不是世界富豪，而是一些比较二的“富人”。

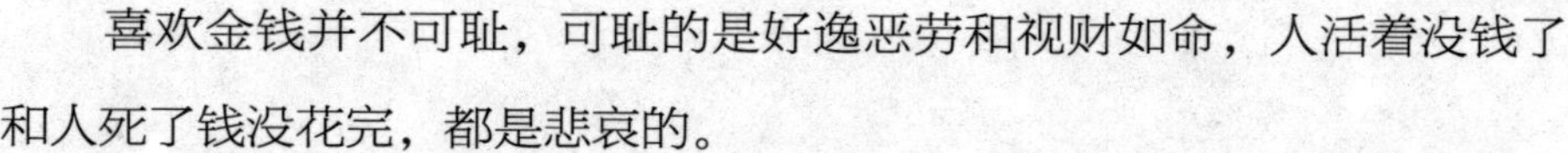

喜欢金钱并不可耻，可耻的是好逸恶劳和视财如命，人活着没钱了和人死了钱没花完，都是悲哀的。

或许你会问我怎么赚钱，我只能说钱装在口袋里的人最傻，钱存在银行里的人庸常，把钱拿去经商和投资的人最可能富有抑或贫穷。

金钱觉悟:

年　　月　　日

C h a p t e r 28

第二十八章 国家红利

金钱是流动和不确定的，它可能会流走或流向你。

国家每到一定的经济时期就会给人民发钱，国进民退不如藏富于民。国家有钱不如人民有钱，人民有钱了就去消费，消费拉动经济良性循环。国家可能用几十个亿拉动了全国几千个亿的商业流通，造成经济繁荣的乘数效应。

发钱的方式是用政策发放而不是简单的平均发放，是发给最听话或者是听得懂话的人。这个“话”就是政策，发的钱就是“政策红利”。

改革开放初期，国家需要一批人做改革的先锋队，国家提供

免息的贷款支持一部分勇敢者创业。但当时的存款利息非常高，是20%以上，当时的钱很值钱的，因为物价很低。

这中间就有很大的政策红利，如果懂得配合时机，利用当时的政策和宽松的经济法律，向建行贷款100万，转身存入农行，一年收益多少？20万！5年下来，100万！70年代的100万，相当于现在过亿的资产。而且当时的政策宽松，很多向银行借钱的企业都是不用还的，造就了中国第一批享受政策红利的人。

后来的改革开放，下海经商，政策扶持个体商业，只要你有东西卖就能赚到大钱，造就了又一批政策红利受益人。

再到后来的中国股票市场，又是一次政策红利的发放。当时股票在中国推行困难，国家帮着宣传，股票也发不出去，而一些人买了股票被称为傻瓜。国家没有办法，甚至摊派逼公务员先买股票做榜样，甚至到了不买股票就降职的情景。后来最差的股票都翻了17倍，当时的傻瓜变成了富人，被逼买股票的公务员也被当时的政策红利逼成了富人。

送钱上门的国家红利又有多少人看得懂呢？

还有后来的国家基础工程的建设，国家都是提前做了很多暗示的，从而造就了10年的房地产巅峰行情，虽然这一波政策红利并没有多少流向民间，不过，反贪反腐只是一种迟收的政策红利，最终会重新分配流向民间福祉。

今天，国家的红利发在哪里呢？

政策的提示是：

经济繁荣的推进器——金融行业，
人民幸福安定的保证——保险行业，
宣传先进思想的——文化产业，
创造财富的新锐——互联网产业，
财富来源的动力——创新，
国民体质的提升——健康产业，
国计民生的基础——农业。

这一波政策红利正在发放，会发到谁的手里呢？

金钱觉悟：

年　　月　　日

第二十九章　一念地狱，一念天堂

$

一念天堂，一念地狱，一切结果都是自己之前的造化因果。

真相总是离事实很远，让我们看不到背后的真相。一直听说国外福利好，看病不花钱。后来才知道原来是国外的保障制度发达，每个人都有保险，生病治疗后由保险公司和医院结算。

在资本主义国家，保险制度如影随形，伴随一生。没有保险上不了学，找不到工作，没有保险，甚至连一些正常福利都享受不到。

这样的制度非常有利于社会发展，企业如果承担过多

员工的风险，稍出意外就会造成企业破产，不利于企业发展。通过长期的市场调整和博弈，风险转嫁给专业的风险管理公司是最好的选择。

难怪当初毛爷爷非常反感资本主义,但是接受了资本主义的保险制度。

甚至可以认为，我们现在和资本主义社会福利的差别就在于完善的保险制度。

完善的保障制度能决定一个社会的文明素质。

没有保险的撞车事故，靠原始决斗决定赔偿责任。有了保险，两个撞车的人甚至会成为朋友。

如果有完善的全民社会保障，人们都敢扶摔倒的老太太。

国人看到过外国人在自己的房子失火后全家合影留念，都纷纷赞扬外国人豁达乐观。真相总是不一样，在外国，人民有很强的保险意识和完善的保险制度，失火前房子是我的，失火后房子是保险公司的，保险公司的房子烧了，我着什么急啊？

人生没有可急之事，谁都可以乐观生活。

好日子是自己提前规划出来的，坏日子也是自己以前没有规划而造成的，没有什么可抱怨的，今天的可怜必有连自己都可恨的过去。

谁来照顾未来那个又老又丑又穷的自己？

一念地狱，一念天堂。

C h a p t e r 30

第三十章　古老的魔咒

$

金钱导读：人来到世界上，无非四种情况：报恩的，报仇的，讨债的，还债的。人生的担忧，从古到今都是一样的。能有钱是一种智慧，代代有钱是一种更大的智慧。富不过三代的古老魔咒从此被打破！

人来到世界上，无非四种情况：报恩的，报仇的，讨债的，还债的。

古时候，有一个富翁，家财万贯，唯一遗憾的是膝下无子。

终于在老年时，得到了一个儿子，老年得子，全家欣喜若狂。说也奇怪，这个孩子生下来就一直啼哭，怎么哄都哄不好，请了很多大夫也无济于事。

一天，一个丫鬟在端盘子时不小心摔了一跤，盘子掉在地上，发出清脆的破碎声，孩子听到这个声音居然停止了啼哭，全家欢天喜地。但过了一会儿，孩子又开始了啼哭，家里就摔盘子听声音，一天要摔好多的盘子。

从小娇生惯养，长大任性非凡。长大后，孩子什么本事没有，糟蹋钱的本事綦大，吃喝嫖赌，狐朋狗友。看着家里的财产一天天变少，富翁看着心急，自己年事已高，怕百年之后，儿子败光家产，晚景凄凉，不得善终。

富翁想了一个主意，背着儿子以儿子的名义在当地买了三百多间房子，租给别人，不收房租，只要求万一某天他儿子走投无路时，每间房子的租客能给孩子一天的吃住，这样一年 365 天孩子天天至少有饭吃。

并求租客们不要告诉他儿子真相，以防他继续败家。

安排好了后事，富翁安心地走了。

果然，在富翁走后，孩子更加肆无忌惮，败家更厉害，不出几年，家产全部败光，沦落到街头乞讨。这时，每天有人请他到家里吃饭，住在家里。他很奇怪，问这些人为什么对自己这么好？这些人信守承诺，只说是他父亲以前对自己有恩，现在是在报恩。

儿子听说后，信以为然。

但长期如此，儿子心生疑惑，偷偷打听，终于有人对孩子说出了真相。儿子知道真相后，知道自己还有这么多的产业，全部收回产业，变卖后继续挥霍，最终再次流落街头，他父亲的一番心血付之东流……

古老的信托方式，最终在人性面前脆弱不堪。

世界有多少的财富创造者，让败家子孙散尽祖先的财富。

随着社会的发展，有财富传承的家族也越来越多，人类的智慧如何规避祖先的遗憾？

只能是法律的手段和契约的方式用现代信托来完成。

最近在青岛有一个富人，买了10个亿的财富保险信托，5年缴，每年缴2个亿。因为他有一个超级会花钱的女儿，他不相信他的女儿能管理好资产，为了孩子的未来，做了这个决定。

人生的担忧，从古到今都是一样的。

现在不同的是，他的女儿未来永远后顾无忧，因为根据保险信托的法律约定，他女儿每年能到保险公司领取1000万，能领取终生。今年用完了就没有了，明年才能领下明年的1000万，不能一次性把10个亿领走，这10个亿只能留给他的孙子继续享受着爷爷的红利，而且两代的财富传承都没有遗产税。

能有钱是一种智慧，代代有钱是一种更大的智慧。

富不过三代的古老魔咒从此被打破！

金钱觉悟：

年　　月　　日

C h a p t e r 31

第三十一章　降服自心

市场有一只无形的手，与人心博弈，翻云覆雨。

股市是一个庞大的财富市场，随时能让人富贵和贫穷，股市规模小的时候还可以被庄家一手遮天，随着市场的庞大，力量越来越分散和不确定，没有谁可以主宰市场。随着市场的全球化，很多时候连国家都控制不了股市的一泻千里。

市场中没有专家，只有暂时的赢家。再厉害的专家也敌不过市场，股市的预测不像天气预报，有多少人预测天气，也不会改变天气。而股市的变化是人心，人心预测都是一样的时，它就会改变股市，让股市走向了反面。在股市中，真正记住了一个专家的话："你能想到的都是错的。"

有人说，炒股只要能控制住自己的贪婪和恐惧，就可以在市场中游刃有余。可贪婪和恐惧的度在哪里？

也有人说，炒股只有一个秘诀，就是低吸高抛。可何时是高何时又是低？

巴菲特说，炒股有三个秘诀，第一是保本，第二还是保本，第三是记住前面两个秘诀。巴菲特一是注意保本，二是分析股票的价值后长期持有。他以平均每年 21% 的速度几十年的复利增长成为世界的巨富。

因为他降服了自心，控制着欲望。

人心是逐利的，人心更是想快速暴富的，耐心是财富的声音。很多人在股市中想一夜暴富，结果却是哭的多，笑的少。

股市是一都场零和游戏，本身并没有创造财富，加入股市的人 99% 也不是看着股票分红而来投资的，几乎都是希望在股市的涨涨跌跌中获取投机。

零和游戏的结果一定是少数人赚，绝大多数人亏，可能还有几个人娱乐了一下保本的。当然还有两个绝对赚钱的人——收取交易手续费的股票证券公司，还有收税的国家。

股票是另一种形式的货币，国家或者企业通过证券市场放大了资产，获得了额外的、无成本的资金。而股民只得到了相互可以买卖的电子符号。如果你在最高价拥有了这些符号，你就是解放别人的解放军，恭喜你在高峰站岗。而那些赚钱的人写了一首诗：

再别康桥

偷偷的我抛了，

正如我偷偷的买；

我偷偷的派发，
作别手中的筹码。
那电脑旁的散户，
是股市中的羔羊；
K 线里的艳影，
在我的心头荡漾。
盘面上的接单，
假假的在屏幕上招摇；
在均价的柔波里，
我想象着捞到钞票！
那分时下的成交，
不是对倒，就是换庄；
揉碎在放量间，
沉淀着长虹似的梦。
寻梦？
撑一支长阳，
向价格更高处漫溯，
满载一船股票，
在政府社论里出货。
但我不能放歌，
悄悄是离别的笙箫；
基金也为我沉默，
沉默是今年的年报！
悄悄的我跑了，
正如我悄悄的来；
我挥一挥衣袖，
不带走一只股票。

金钱觉悟：

年　月　日

第三十二章　金钱五毒散

金钱的敌人也是人性的敌人。

获取金钱就是战胜自己。

人性的敌人，佛称五毒烦恼根：贪嗔痴慢疑。五毒入心而烦恼不尽，人生痛苦不堪，金钱渐行渐远。

金钱一毒曰贪：金钱的欲望无穷无尽，过分贪婪则失人心，人心散则财随之而散。贪有违金钱道，即使侥幸得财也会得而复失。

金钱二毒曰嗔：凡事抱怨，经常生气，对什么东西都斤斤计较。金钱和人一样，都喜欢慈眉善目、气息谦和的人，一脸抱怨的人与金钱无缘。

金钱三毒曰痴：愚痴无明，把自己的想法加到别人身上；迷恋自己，觉得自己就是对的，一厢情愿地认为事情就会往自

己所设想的方向发展。金钱的流动是不确定的，随人心而驿动，没有一定之规，如果一直认为只有自己是对的，金钱只会给你两个字——教训！

金钱四毒曰慢：自满傲慢，狂妄自大，以自己为中心，缺乏学习精神。而金钱的智慧不停地在成长，那些不接受外界而傲慢狂妄的心，只会迅速地落后，逐渐被金钱抛弃。

金钱五毒曰疑：凡事只怀疑不考证，不信任所有的人和事。获取金钱需要积极主动，当机立断。小心风险的同时要抓住机会。只是怀疑而不行动，终日惶惶研究，迟疑不前，只能眼睁睁地看着金钱从身边经过而后捶胸顿足。

五毒是心中的贼，让我们远离幸福；五毒也是金钱的贼，让我们失去金钱。

少五毒而幸福多，去五毒而金钱在。

此时，闭上眼睛，自问自心：

金钱有多少？五毒有多多？

金钱觉悟：

年　　月　　日

第三十三章　抢劫

货币的本质是一张纸，是一个叫国家的打出的一张写有数字的借条，然后告诉你，这个借条你可以拿出去换你想要的任何东西。于是，很多人用自己的东西换了这张纸，拿着这张纸去真的换到了自己想要的东西。我们很喜欢这张纸，民间叫这张纸为“钱”。

开始的时候，国家都很诚实，有多少东西就打多少借条，或者以黄金为标准，按合理的比例印刷钱。民间用这张有信用的纸进行储存和交换，

人民相信，自己付出多少得到的钱，在将来自己需要的时候也能得到等值的交换，于是生活得很宁静。

没有合理监督的制度不可能诚实很久的。于是在金钱的流动中，出现了很多的问题，让金钱在违心地分配，最终都流向了权力，人民生活逐渐疾苦，而不知原因，因为表面上人民手中的钱也没有变少啊？

国家经营不善，腐败横行，能力低下，造成了金钱的恶性流动，国库亏空，权力层的不劳而获，民间层的劳而不获。国家要正常运行，又没钱可用，唯一的办法是开动印钞机，打出新的借条（货币）流向民间，造成通货膨胀，人民手中的钱是没有变少，只是购买力没有了。

人民存在银行的钱，虽然表面上没有变少，只是买不到当年那么多东西了，钱在贬值，人民很郁闷，但也无奈。

就像是存进银行去的时候是一杯牛奶，取出来的时候还是一杯牛奶，只是已经兑了很多很多的水，根本就已经没有营养了。兑水后多出来的几杯牛奶到哪里去了呢？对你这杯牛奶的价值又会造成什么影响呢？

国家向货币中兑水，稀释人民手中的财富，就像是从人民手中抢钱一样，用通货膨胀的方式抢钱，比强盗更狠。因为强盗只可能抢几家，不可能把每个人家里的钱抢走。而国家的通货膨胀，就是把每个人家里的钱抢走了一部分。

如果凭空发行四万亿的货币刺激市场，就是从 13 亿人民手中每人抢走了 3000 元，而这四万亿只是流向了权力机关和房地产行业，那么普通民众被抢劫的钱至少平均是 3000 元的 10 倍以上了。

最为严重的是：这些钱造成的恶性经济会贻害多年，造成了经济的“虚胖”而肉多无骨。这些多出来的钱是虚假的水分，一定要挤出货币流通市场的。也就意味着习李时代的政府必须长袖善舞，要靠实体经济

实实在在地额外多赚到四万亿，才能让经济回到 10 年前。

因为他们接手的是一个负债累累的政府，已经不能再走“印新钱还旧钱”路子了，必须靠做好经济，创造实实在在的财富来富强中国！

金钱觉悟:

年 月 日

Chapter 34

第三十四章　快醒了

创造财富的人就应该得到财富，在任何行业都是，唯独在消费行业中，消费者创造了财富，却没有获得财富的分配！

没有消费者，任何企业商家都不能获得长久的财富。

今天这个时代，消费者已经觉醒，消费者的要还给消费者。

在商品过剩的时代，财富的创造由购买者说了算了，消费即财富。消费者手中的每一张货币，就是一张投票权，它可以投给任何企业或商家。货币是逐利的，它一定会投向对自己利益最大的地方。

对消费者利益最大的是什么呢？

是折扣吗？不是。是省钱吗？不是。是买一送一吗？不是。是购物有积分吗？不是。这些都不是。

对消费者利益最大的是观念——“消费是资产”，而且是全世界最稀缺的资产，消费出去的“资产”还能够不停地创造利润回到口袋。

那么消费出去的钱就不再是负债，而是一种投资。

一个石破天惊的观念，逐步进入我们的生活。

如何在消费中获利？如何套利消费？如何消费投资？如何投资消费？如何让自己花出去的每一块钱还有财富再造的功能？

消费者已经觉醒。

消费者一思考，商家就紧张。因为他们已经很多年都没有给决定他们生死存亡的真正股东——消费者分红了。

金钱觉悟：

年　　月　　日

Chapter 35

第三十五章　全富的社会

世界上所有的财富都是消费者创造的，消费者的终端消费才是经济循环的主导。

没有消费者的购买，再庞大的企业也会倒闭，消费者决定了所有企业的生死存亡。在这个意义上讲，消费者才是市场的老板，而消费者这个“老板”权力虽大，却不能参与利润的分配是有悖常理的。

消费者是世界财富的创造者，却又是没有参与财富分配的弱势者。

既然消费者是财富的创造者，也应该是创造财富的投资者，那么消费者的每一次消费，应该就是一种用消费的方式进行的一次投资。一次一次的重复消费就是一次一次的追加投资，从一个消费者累积成一个企业的小微股东，从而参与分配企业的市场红利。

只有这样，才有可能改变利益单向分配的格局，不同的利益主体从而达成共赢。

一个社会不光要符合“少数会赚钱人”的利益，更要符合“大多数只会花钱人”的利益，这才是一个和谐共赢的社会。

一个发展中的社会确实是应该“让一部分人先富起来”，但前提是，其他的人不能因此变得更贫穷。富人不能是靠掠夺穷人而富，而要靠共同创造社会财富而富，共同创造的财富再回馈给让富人富起来的消费者，这样才会形成一个“全富共赢”的社会。

之后，富人继续他擅长的赚钱，穷人继续他擅长的消费，共同创造积累社会财富，并且合理分配，全社会全富共赢。

一个全富共赢的社会，必然是一个和谐的社会，是一个真正繁荣幸福的社会！

这一天正渐渐走近我们的生活，一个幸福的世界！

金钱觉悟：

年　　月　　日

Chapter 36

第三十六章　银行新政

全富的社会是一个理想的社会，消费成为资本只是一个理论，理论上可行的东西实际未必能行得通。

消费成为赚钱工具的大数据怎样计算？怎样结算？怎样分红？谁分红？分给谁？谁来分？必须有一个完整可操作的方案。

一个消费者一年要买很多不同的东西，要到很多不同的地方去消费。如果与每个厂家、商家都订立一个协议单个结算，就成本太高而不可操作。所以必须发挥金融机构的中介作用，由银行跟所有的厂家、商家签订协议，然后消费者只要刷卡，那么消费的时候银行就有了大数据，最后一结算，什么都很清楚。尤其是在货币虚拟化的时代，货币成为磁卡上的数字，成为网上的大数据，由大数据计算更为方便。

要做到消费成为资本，就要有“用消费来理财”的观念。对消费者进行“消费联盟”，组建一个跨区域的巨型团购企业，整合管理消费者的大数据。再对各行各业的实体商家进行“异业联盟”，打造一个巨型的网上商业同盟体。网上和地面结合，电子和实体结合，消费与回馈结合。

由认同“消费理财”的消费者组成消费者联盟体，由认同的商家组建“异业联盟”成为跨区域的超级市场。中间由金融机构搭建桥梁，联结消费者与商家、厂家，发挥金融功能，组建一个新的金融有机体——银行新政。这种银行新政下的大数据货币，目前具备条件的机构是银行、阿里巴巴、百度、腾讯等大数据机构。

谁拥有大数据，谁拥有未来！谁先改变，谁赢得未来！

合作的商家能得到稳定的消费者而越做越大，消费者能得到实惠和利润的回馈而越来越多，金融机构也能从整合资源中节约成本和获取更多的利润。

一个多赢的商业轮回，完成金融流通的闭环，逐渐造就一个全富的社会。

商业从来不是你抢我夺的争斗，而是完全可以多方共赢的思维。

第三十七章　钱不会说谎

金钱在于人心，人心决定了金钱的性质与本质，钱是洞察人心的工具！

世象万千，很难看到真相，人心迷惑，掺杂了太多远离本质的外物，佛经里叫“我执”，放不下“我”的观念，平静不了自己的情绪，看不到执着于“我对”后面的“错”。

人常说的是“我知道……”，然后讲一番

道理，可是，我只知道“我知道的”，那“我不知道的”我知道吗？

在这个世界上，人永远是知道的少，不知道的多。

表象会说谎，我们所看到的，可能是别人想让我们看到的，我们所听到的，可能是别人想让我们听到的，那未必是真相。

情绪更会说谎，人开心的时候喜欢许诺而过后会后悔，人愤怒时喜欢图一时痛快而铸错，人在大喜大悲时智商为零。

情绪是最大的谎言！

唯一不会说谎的可能只有金钱了。

如果有人对你说某个事情非常好，让你参与，但自己并没有投入一分钱，一定不是真话。如果他为之投入了几十万、上百万甚至于更多的资产，那证明他没有说谎，他的钱是不会说谎的。即使到最后这个事情亏了，只是他对未来的判断错误而已，让他亏了那么多没有说谎的钱，并非他本人在说谎。

在情感方面，如果一个男人不愿意为一个女人花钱，再多的漂亮语言和表现都是假的。虽然为她花钱不一定代表爱她，但不愿为她花钱一定是不爱她。

金钱不会说谎，钱比人更接近真相。

金钱不一定代表真相，但金钱更接近真相。

判断一件事情如果想接近真相，只要抛开更多的表象，放下外物的干扰，只要关注本质——金钱完整的流向，更容易接近真实，从而洞悉世间与人心相关的万物。

钱不会说谎！

C h a p t e r 38

第三十八章 断层

历史的原因，中国从半殖民地半封建社会直接进入了社会主义社会。中国少走了社会发展的一个阶段——资本主义社会。

现实就是最正确的选择，但规律也不可改变，在社会发展中，中国跨越了一个资本主义的金融断层，历史不可能倒退，但掉的课必须补上。

中国创造了举世瞩目的GDP，有经济学家说过，“中国制造”廉价地供养着世界上众多的国家，中国制造足够让中国人民富足有余，但中国创造再多的财富，美国制造几次金融危机，中国的财富就无声无息地不见了。

中国没有经历过资本主义阶段的金融浩劫和金钱洗礼，对钱的认知大多停留在农业时代和工业时代的交换认知，认为“钱—物—钱”的金钱循环是金钱的唯一路径，而少有 “钱—钱”直接增值的认知。

资本主义国家借用中国的钱来购买中国的实体，把贷款变成实体资本，再通过先进的技术和理念进行增值、包装，然后赚取巨大的利润拿走，留给中国的是微薄的回报和大量的污染。我们用我们的钱，为他们创造财富，留下伤害。

只因为我们金融业的落后，不懂金融。说到底还是观念束缚，没有解放金钱的思想，自捆金钱的手脚和别人进行金融拳击，自然处于劣势。

金融乃百业之王，金融兴则百业兴。金融的畅通能让资源流到最该去的地方，让各种资源各就其位，优化配置，减少不必要的成本，创造出更多的社会财富，从而富民强国。

一个富有的国家，一定是金融发达的国家，如美国、英国、日本、荷兰、德国……发达的金融能更好地服务于实体经济，服务于科技发展，服务与社会创新，服务于国计民生。

中国高层高瞻远瞩，中国虽不会倒退回去走资本主义道路，但一定会适时地补上“资本主义”这一课。

资本主义社会经历的是先有金融再有互联网的道路。中国经历的是先有互联网再补金融资本这一课。互联网的发展为中国提供了一个千载难逢的机会，特别是移动互联网的蓬勃发展，为中国的金融业赶超资本主义社会提供了一个弯道超车、转瞬即逝的机会。

中国必然大力发展和支持“社会主义中的资本主义”，这是一个金融断层的补课，也是一个巨大财富的风口，更是我们获得财富的超级入口。

相信未来二十年，是一个“社会主义金融资本时代”，是一个金融最为赚钱的时代，也是一个群魔乱舞的时代，是一个金融大乱大治的时代，一切充满了未知，精彩无限！

财富断层的风口就在这里，最先融合金融互联网思维的企业，就是未来最大的赢家。

你不金融，便会被别人金融！

金钱觉悟：

年　　月　　日

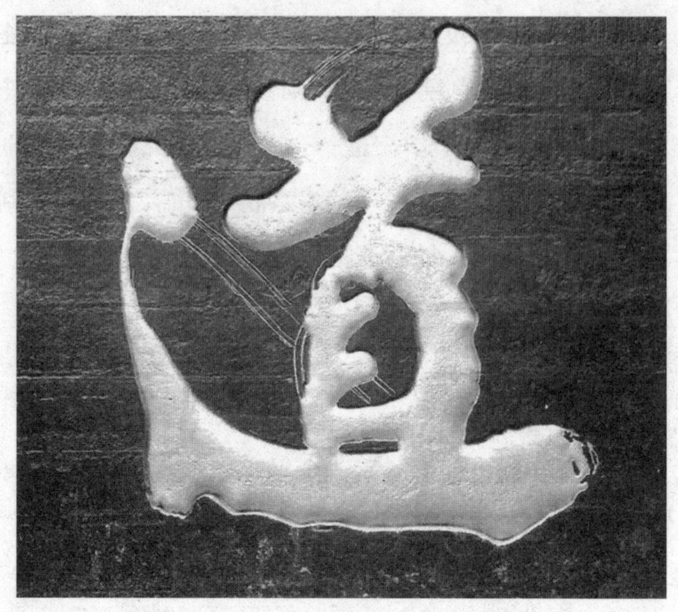

第三十九章　金钱道德经

《道德经》是人类的经典，也是世间万物的规律。

道是天道，是自然规律，德是遵循，遵循天道，人心所向即天道。道德即是遵循自然规律。

世界永远是在不平衡中寻求新的平衡，不合理终将会走向合理。

金钱也有自己的道和德，金钱最终会合理地流向应该去的地方。

经济的发展规律是螺旋式的上升。

六七十年代是计划经济的时代，生产力落后，商品少，不得不按照计划来供应，于是出现了粮票、布票等计划经济的特殊产物。那个时代，商品供不应求，拥有商品就一定赚钱。

随着人们思想开放和经济的发展，商品大量丰富，供过于求，商品不好卖了。这个时代，商品为次，渠道为王，中间渠道竟然获得了最大的利润。渠道和金融甚至控制了实体经济，而真正创造价值的实体经济没有得到应有的回报，极大地打击了实体经济的信心。

其实销售渠道也好，电子商务也好，金融也好，都是服务于实体经济的，它们本身并没有创造价值，只是节约了成本，减少了不合理的存在而已。

一个国家最终创造财富的是实体经济。

不合理的现象，终不会长久。

随着人们的思想开放，营销渠道和金融创新会越来越普遍。特别是电子商务和直销行业的发展，以及微商的横空出世，让商品的销售越来越简单。

销售渠道一旦打通，未来又会走向一个实体为王的时代。

扁鸿生预言：未来三到十年是一个营销行业百花齐放的乱局，也是一个实体经济最为低谷和低廉的时期，这种不合理的现象不会长久，金钱最终会流向真正创造财富的地方。

抓住机会，在这个时期做好营销渠道，聚人聚财，投资实体，就是提前站在了未来财富的风口。

在不合理的时机中找到合理的方向，踏对时代的节奏，必是站在未来之巅的王者。

知未来者谋天下。

C h a p t e r 40

第四十章 虚拟货币的江湖

导读：不讲道理，只讲事实。不知道比特币的朋友，可以先看下面的科普，脑补一下。

2010 年 5 月 21 日，一位昵称为 Laszlo 的人用一万个比特币，换了价值 25 美元的比萨饼。

如果他把这 1 万个比特币保留到今天，可以直接换到的现金，大概是六千万人民币，这是世界上最昂贵的一个比萨饼了。

Laszlo 后来说：这个比萨味道不错，就是有点贵！

这是人类的金融、货币和商品史上，从来没有上演过如此疯狂的传奇。

自从 2009 年一个自称“中本村”的人写出了加密货币——比特币的源代码后，并挖出了世界第一枚比特币后，一发不可收拾，开启了一路疯狂的互联网财富盛宴。

比特币在 2013 年 11 月的价格，涨到了八千多元人民币大关，国外的比特币价格飙升到 1200 多美元，每一枚比特币比黄金还贵，成为名副其实的网络黄金。

可是，比特币的原始价格却是免费的，在网上通过程序“挖矿”就可以免费得到。并且之后的很长时间，每一枚比特币的价格也只有几美分。

如果在 2009 年投资八百元买一千多个比特币，到 2013 年 11 月，这 800 元就变成了 800 万元，没错，三年的时间翻了一万多倍。

比特币的一路疯涨除了人为的炒作以外，还和它的几个特点有关。

一、去中心化：没有谁是比特币的中心，人人又都是比特币中心，货币公开透明，人人可知。

二、总量恒定：比特币发行总量为 2100 万枚，不能增发，只会增值，不会通货膨胀。

三、加密货币：用互联网加密技术来证明自己货币的存在及多少，但无法追踪流动的痕迹。货币的流动安全。

四、世界流通：打破区域的限制，货币公平的流动。

五、交易 0 成本：货币的去实体化，货币的存在成本低，交易成本低，不用第三方支付就解决了交易诚信的问题。

虚拟货币发展到 2015 年形成了两个方向。

一个方向是，让货币总量恒定，用炒作的方式来升值赚钱。这种方

式的特点是赚钱快，风险也大。缺点是币值不稳定，不方便交易。如果用这样币值不恒定的货币来交易购物，意味着物价每天每时每刻都要变化，都要换算价格，几乎无法进行交易，只适合于炒作，相当于是用股票去买东西。脱离了货币是用来计量、储存、交换的本质。我称这种类型的虚拟货币叫作股票币。

另一个方向是以货币的交换本质为主导，兼容了理财、股票、投资、倍增等功能在里面。币值恒定，比如和人民币 1 ： 1 的兑换。升值多少就增加多少币，而不是用涨价的方式来进行。每一枚货币后面都有公司或企业的实体资产作为货币的背书。这样的货币可能更适合于流通，货币只有流通才能创造价值。

虚拟货币也有一个江湖，江湖的源头和中心在哪里，哪里就是是必争之地。源头是在美国，在欧洲，还是在中国……都有可能影响到发源国未来的国运兴衰。只要能控制货币，就能控制一个国家，这是一个必争的江湖。

中国是从半殖民地半封建社会直接进入社会主义社会的，中间跨过了一个资本主义的断层。这个国家少了对金钱认知的过程，也少了对金融危机的炼狱涅槃和金融法律的健全。很多人甚至不知道金钱是用来干什么的，只知道存银行！但是中国又不可能倒退回去走资本主义道路，资本主义已经一百五十多年的历史了，走原路只会落后更远。中国必须等待一个机会，一个能够弯道超车超越资本主义国家的机会。

互联网是最近几十年的科技，虚拟货币的思想也才产生 7 年，中国和资本主义社会在这两个领域基本上是同步发展的。只有在同一起跑线

上的这两个领域，中国才有机会弯道超车，超越资本主义一百多年的历史。中国研发自己的虚拟货币至关重要，甚至决定着中国金融的未来。虚拟货币发行的源头在中国还是在外国，有着本质的不同。

互联网的开放性和公平性，虚拟货币的总量恒定、去中心化、加密和全球流通的特性，虚拟货币的流通让中国能有机会摆脱世界被美元控制的局面，美国再也没有机会通过美元量化宽松的货币政策来“剪世界的羊毛”了。世界将会更公平，更自由，更宽容，更美好！

中国大力发展“互联网 +”，大力发展虚拟货币，必然是未来的金融政策和未来财富的大趋势。

虚拟货币是未来金融的制高点，今天已经在研究和涉足虚拟货币的人，会在当下很多人认为虚拟货币就是虚无的浪潮中，财富不可思议的增长，从而站在未来金融的顶端。

金钱觉悟:

年　　月　　日

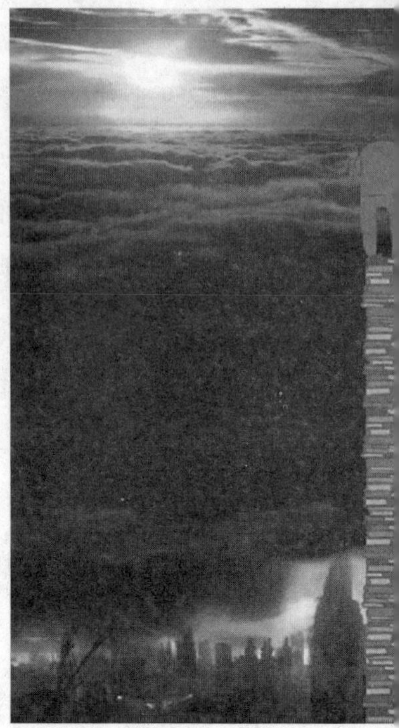

第四十一章　金钱的门槛

上天知道给万物定价，当你觉得特别难的时候，因为那件事情特别有价值，天下没有不劳而获的事情。

在当今的商业社会，金钱可能是人人追求的最重要的身外之物。在《金钱真相》中：**金钱永远是人生第二重要的东西，每个人都要找到自己人生中第一重要的东西**。把金钱当成人生第一重要的人，永远不会得到幸福。金钱只是人生幸福的基础，不是人生幸福的根本。

金钱能解决生活中绝大多数的问题，金钱可以让生活更简单。人生中大多数的问题，都可以量化为金钱而轻松解决。

于是，我们不用放大并复杂人生的问题，人生就是一个问题——钱的问题！

如果是金钱都不能解决的问题，我们也不用太费精力去解决！

生活中，有人赚钱很难，有人赚钱很容易。

同样的环境，同样的二十四小时，同样都是人，为什么在生活中赚钱的多少有着天壤之别。

只因一念之间，地狱天堂。

我把这一念，叫作“金钱的门槛”。

金钱的第一道门槛——“风险”。

人天生喜欢安全，厌恶风险。这和人天生的动物本能有关，在动物进化史中，风险意味着死亡、淘汰，远离风险意味着活下来。

一位心理学家总结出一个结果，人生就是两件事：一件是追求幸福，一件是逃避痛苦。但逃避痛苦的力量是追求幸福力量的 25 倍。

人会因为害怕痛苦，而放弃幸福！

人的这种心理也投射到金钱，人对失去金钱的恐惧远远大于获得金钱带来的幸福与满足。于是，绝大多数的人安于一生的“安全”并贫穷着。

失去金钱的恐惧叫风险。

风险本身并没有好坏，风险本身只是一种生活的概率。

有人因为 1% 的风险放弃了 99% 的成功概率。

有人用 80% 的风险去博取 20% 的成功概率，于是世界上有了 20：80 法则。

风险不是用来逃避的，风险是用来收益的。

收益越高，风险越大；风险越大，收益越高。

这个世界上永远没有一件事情：收益巨大，风险没有！

我们唯一能做的事情就是面对风险，把风险降到最低而提高成功的概率！

人人都看得见的风险就不叫风险，因为风险已经释放。

人人都看得见的机会就不是机会，因为风险已经累积。

穷要冒险，富求安全。

金钱的第二道门槛——“时机”。

把风险降到最低的一种方法叫“时机”，时机中的大部分是先机。

时间越短，风险越小，时间越长，风险越大。

先机不是绝对的真理，只是一种成功的大概率事件。

2013 年 9 月，全世界炒的最火热的比特币，达到了 8000 元一枚的价格。但比特币在 2009 年开采的时候竟然是免费的，不值一文，当年市场交易也就是象征性的几分钱一枚。而今天呢？今天（2015 年的 10 月 22 号）的价格依然是 1788 元！现在的价格趋于正常稳定，如果现在买入，依然有风险。可能会涨到了五六千，也可能跌到三四百。

如果你的持有时间是 2009 年，你就没有风险，只是赚多赚少的问题。

先机是驾驭风险、获得暴利的大概率事件。

金钱的第三道门槛——“参与”。

只有跨过了不劳而获的心，才会知道上天给每样东西都定了精准的价格，没有一丝的投机取巧。要获得金钱一定是要参与并承担的，参与的是金钱，付出的是时间，是知识，承担的是风险、压力、担忧、恐惧、还有“别人的看法”等等。

只有参与，才会得到。

金钱是对参与者的奖赏，不是对旁观者的祝福！

要想变得富有，内心必须跨过这三道“金钱的门槛”。

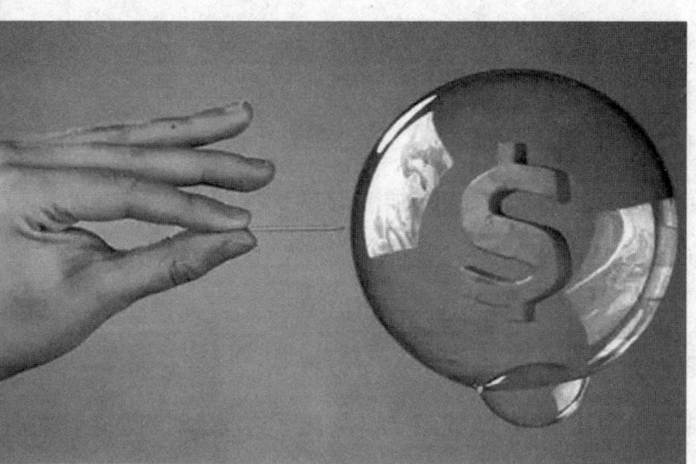

第四十二章　泡沫

金融本身就是泡沫，没有泡沫就没有金融。
金融的泡沫是怎样产生的？

来看一段场景。

在没有货币之前，人们的交换是以物换物。有人养牛，就叫牛人，有人养羊，称之为羊人。牛人想吃羊肉，羊人想用牛来耕田，于是二人协商用三只羊换一头牛，于是羊人有了牛，牛人有了羊，各得其所，其乐融融。牛换羊，物换物，这中间就没有泡沫。

后来出现了一个养鸡的鸡人，鸡有肉，也有蛋，于是协商二十只鸡换一只羊，六十只鸡换一头牛，这中间也没有泡沫。

鸡人发现，鸡是最小的单位，能解决交换中的问题。

如果牛人只想要一只羊，就不好办了，难道牛人砍下两只牛腿去换羊吗？失去腿的牛还能耕田吗？

以物换物总归是麻烦的，如果能在需要的时候随时换到自己想要的就好了，大家都想生活简单。

于是鸡人发行了鸡票，一张鸡票代表一只鸡，可以随时在鸡人家里换一只鸡。牛人和羊人觉得很方便，因为鸡票不仅可以换鸡，还可以换牛和羊。只要牛人和羊人相信鸡票是可以换成鸡的，牛人、羊人就会把大部分牛羊换成了鸡票，需要的时候再到鸡人家里换鸡、换牛、换羊。

于是最开始的以物换物：鸡—牛—羊三种动物的流通就变成了：鸡—牛—羊—鸡票四种物品的流通，多出来一个基于信用的鸡票也像实物一样在流通。

鸡票相当于现在的钞票。于是世界多出了一个行业，叫金融业，于是世界多出一种风险，叫金融危机！

钞票没有使用价值，却像商品一样交换流通。

泡沫产生了！

货币来到这个世界上本身就是泡沫，我们已经融入这个泡沫中，无法独善其身，无法离开金钱这个泡沫。我们只能是善用泡沫，在泡沫刚产生时融入其中，泡沫膨胀时，敏锐地注意动向，随时准备兑换成实物或者新资产抽身而出，然后进入下一个泡沫中循环。

泡沫，是一定会破的！只是时间的长短！

参与金融相关的行业，一定要清楚地知道，自身已处于泡沫风险之中。金融本身就是用泡沫预测未来，为未来的风险定价，也为未来的风险买单。

泡沫只要没有兑现出来，哪怕只差一秒钟，就一直是风险。

因为，未来不可知！

再重复一遍，我们能做的，只是在泡沫形成时融入其中，在泡沫吹大破裂前抽身而出。

泡沫，意味着投机的高收益，没有泡沫就没有人参与。

泡沫，意味着破灭的高风险，没有泡沫的破裂就没有下一场盛宴，就没有真正的进步和价值回归！

在一个狂热的市场，过于理性的人和过于不理性的人都会死。过于理性的人在泡沫刚形成时就离开市场，而过于不理性的人在泡沫破灭时仍未离去。也许理性的人最终会被人们想起，但这小小的安慰对他们已没有意义。

泡沫可能会破灭，但在破灭前可能会变得更大，也可能持续很久的时间。

你，我，已在泡沫中！

你想知道泡沫的起源吗？无迹可寻，偶然出现。他们称之为寒武纪大爆炸，发生于五亿三千万年前。大约七千万年或者八千万年前，生物进化加速，因此，我们就诞生了——人类。

科学家们至今还无法解释，人类如何进化而来，只知道就这样发生了。有人说人类是偶然出现的，有人说这是注定的。

但，谁知道呢？

——《华尔街：金钱永不眠》

泡沫本身是好的，泡沫的产生，是因为有水，水中有空气，有水有空气就可能产生泡沫。

然后，生命就在其中诞生，奇迹就在其中诞生。

地球上的生物，在一个偶然的、机缘巧合的泡沫中诞生了，一部分生物加速进化，成为人类。

Chapter 43

第四十三章　金钱的戏票

人生如戏，金钱如戏票。
我们都在用这张戏票来戏说人生。

戏票的发行和时机做好一个恰当的配合,就是一场圆满的故事。

如果不顾实际情况超量发行，必然贬值，引起麻烦，参与的人会越来越少，直到这场戏失去人心，改朝换代。

钞票就是这样的戏票，几乎每一个朝代的结束都是以当朝货币的极端贬值而结束。

换一个朝代，以前的钞票就没有了价值。我们又要买新的戏票，进入下一场戏中。

老的戏票已经没有了流通价值，新戏场不接受过期的戏票。但老的戏票如果市面很少的时候，可能会衍生出另一种价值——收藏价值。

如果你有一张宋代的戏票——交子，可能会值很多钱。

世事无定性，人心在循环。

人生就如一场不知道未来剧情的戏，我们在戏中观看、揣摩、学习，和戏中一起喜，在戏中一起悲，不知不觉融入其中，忘却了活在当下。

可否抽身而出，成为自己的一名观众，旁观自己的人生。

我们用金钱下注未来，下对了，盆满钵满；下错了，血本无归。在这些来往得失中，都是戏中的剧情，戏还在继续。

在成功时不可狂妄，因为戏还在进行；失意时不要绝望，因为戏还没有结束。只要没有结束，人生随时会有变化，戏中之戏随时会翻盘。人生的牌还没有打完，怎么知道最后的赢家不是自己？

人生如戏，金钱只是参与人生得失循环的一张戏票。

金融本是一场戏，输赢不必太在意。

我们用一首明朝憨山大师的禅诗《醒世歌》来看这一场红尘大戏。

醒世歌

红尘白浪两茫茫　忍辱柔和是妙方
到处随缘延岁月　终身安分度时光
休将自己心田昧　莫把他人过失扬
谨慎应酬无懊恼　耐烦作事好商量
从来硬弩弦先断　每见钢刀口易伤
惹祸只因闲口舌　招愆多为狠心肠
是非不必争人我　彼此何须论短长
世事由来多缺陷　幻躯焉得免无常
吃些亏处原无碍　退让三分也不妨
春日才看杨柳绿　秋风又见菊花黄
荣华终是三更梦　富贵还同九月霜

老病死生谁替得　酸甜苦辣自承当
人从巧计夸伶俐　天自从容定主张
谄曲贪嗔堕地狱　公平正直即天堂
麝因香重身先死　蚕为丝多命早亡
一剂养神平胃散　两盅和气二陈汤
生前枉费心千万　死后空留手一双
悲欢离合朝朝闹　寿夭穷通日日忙
休得争强来斗胜　百年浑是戏文场
顷刻一声锣鼓歇　不知何处是家乡

金钱觉悟:

年　　月　　日

Chapter 44

第四十四章　金钱道一

末法时代，金钱无道循环，违心分配，令世人心乱不安，恐惧丛生。

一场又一场由金钱无道造成的金融风暴，让世界动荡不安，危机四伏。

金钱无道的背后是人心无道，特别是以美国为首的资本主义国家，用一百多年的资本技巧玩弄金钱术，令世界穷者弥穷，富者愈富。并解释为："马太效应"——富者让它更富有，穷的连他剩下的也拿走。看似有理，实则无道。

金钱来到世界上是温暖人心的，是让世人行方便之门的，是让社会分工合作、各尽所长、交换互助的。金钱是让世人温暖、幸福、方便的法门。

一个竞争的世界怎么可能和谐？一个以聪明赚钱而不是以天道运行的社会，怎么可能公平呢？

那些聪明的人用聪明去赚钱，用欺骗去掠夺，用智商去攫取穷人的财富。这样的世道，让人恐惧，让人寒心，让人没有未来的安全感，世人的幸福在哪里呢？

人法地

地法天

天法道

道法自然

人们生活的需求就两个：生存，传承。用孔子的话就是：食，色，性也。人就是食和色，除此二者外，其他全部都是精神上的感受。

当今世界，农业工业大规模发展，人类的生存不成问题，食、色皆可满足，再多的东西都是多余的东西。食色以外多出的东西，如果不能让人产生幸福感的精神享受，就是不必要的和多余的。

一个金钱有道的社会，是应该让所有的人感到温暖幸福的社会。每个人各归其位，找到自己服务于世界的位置。

有能力有担当的人就去做他的大道圣贤，为众生请命、改命。普通大众者，能得到基本的生存需求，普通者愿意努力进步就可以过得更好一点，无所追求也可以乐天知命，享有社会的基本保障。进则通天达地，退则安身立命。这样的社会才是一个和谐太平的社会，才可能人人温暖幸福，这才是东方大道。

目前世界上工业农业生产的资源，足够让世人生存多少年了，可是为什么世人仍然觉得恐慌不安呢？因为这些生活资源并没有合理地分配。

拥有资源的人已经不再需要了，但却占有的更多；缺乏资源的人，本来就没有多少，却还要被掠夺。

如果一个社会，富者可敌国，穷则仅温饱，那则是一个金钱无道的金融乱世。

金钱无道魔已生，无道金钱魂不定。

当今社会，无道金钱成富的人，炫富成风，炫耀什么，就是缺乏什么。显象的只是一颗无处安放的灵魂，动荡不安。

金玉满堂莫之能守，富贵而骄自遗其咎。

金钱如水，随道而行，无论高下，一道而平。金钱最终是公平无私，造福世人。

马太效应只是魔鬼的语言，却成为世间魔鬼的经典。

世间众生的存在，是为了让人相亲相爱，相助相依，每一个人，每一个社会，每一个国家，都是世界命运的共同体，相依相存，共生共亡。

我欲觉醒金钱道，人间当下化天堂。

金钱觉悟:

年　　月　　日

第四十五章　金钱道二化阴阳

反者道之动，弱者道之用。

——《道德经》

懂这一句，就懂金融道。反者道之动，弱者道之用，此“反”有物极必反和往返（古文音同意同，反同返）连绵不绝之意。车轮要反向的力量，车才能前进；火箭要向下的冲击力，才能一飞冲天。

反向才是动力，柔弱才能长久。

金钱亦是道，金钱道也是这样的，顺道而行，逆道而亡。阳极必阴，阴极必阳，阴阳互动，一损俱损，共荣共生。

无极生二化阴阳，一阴一阳之谓道。

在金融市场，人心的贪婪和恐惧战胜了平常心，于是在金融市场中就亏的多，赚的少。

涨到高处适可而止，阳极必阴，物极必反。可贪婪心生，恨天不够高，一口想吃个大胖子，涨的时候想不到还会有顶，凡事皆有极（限），你见过长到天的树吗？树的年轮是四季往复一年长一轮的，这是天道。

阳极必衰，跌到底时，哀鸿遍野，绝望无期，恐惧心生，离场出局，此时阴极而阳生，否极泰来，从太阴而生小阳，新一轮的阴阳循环重生。得之道者得心应手，迷之道者出手皆错。

反者道之动，弱者道之用。

金融和生活是反的。比如金融中的股票等金融产品，是越涨越有人买，越涨越意味着有价值。在生活中，却是越跌越有买，比如超市今天全场打五折，人山人海，因为这意味着原来要用 1000 元的东西，现在 500 元就可以买回来了，同样的钱却得到的更高的价值，生活中的东西是越跌越有价值，越跌越有人买。

而金融股票反而是越跌越没有人买，除非跌到了一定的底，叫阴极必阳。

为什么生活和金融是反的呢？生活是买现在，金融是买将来！当然不一样！

生活跟金融是反的，用生活的经验去玩儿金融，亏是正常的，赚钱了才叫稀奇。

除非突然有一天明白了，反者道之动。动力与方向是反的，反向动力才能正向前进。在大方向中，再寻找一个理性时设定的心理时机，金钱如水，水几于道，“动善时”，耐心地等待时机，时机未到心不妄动。

于是发现，一切的外在纷争，金钱繁华，不过是人心妄动的显象，根在心。

守其心，正其意，万事可成。

阴阳随其心，金钱即生即灭。

金钱是人心在红尘中最低级的修炼。

人生的第一步就是赚到钱，体验钱中乐，第二步是放下钱，过金钱关。

有了第一步，才能够走第二步。

生活中的很多人都没有走过第一关，都没有赚到过什么钱，在生活中宣扬自己放下了钱，瞧不起钱，平平淡淡才是真。

从来就没有富有过，怎么能体会到贫中乐呢？

没有赚到过钱，怎么能够体会到放下钱的快乐呢？

平平淡淡的基础是从从容容，生活平淡，内心从容吗？

人生从赚钱开始！

金钱道二化阴阳，
阴阳反复是为相，
相入道者金钱生，
金钱亦是一道场。

金钱觉悟：

年　　月　　日

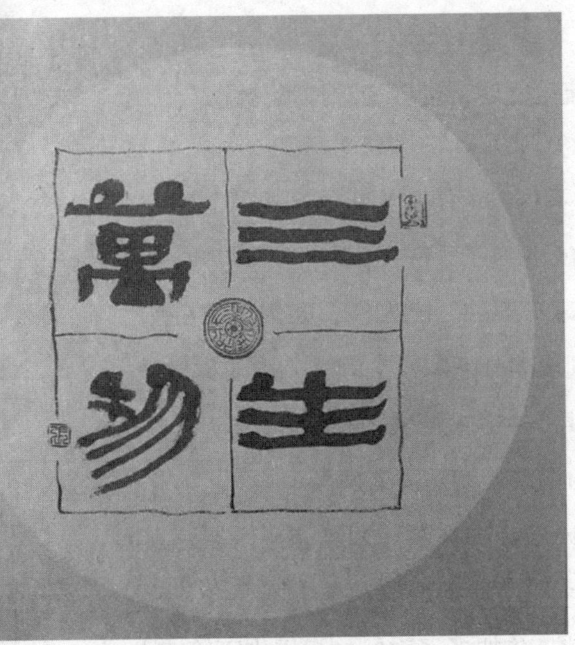

第四十六章 金钱道三生万物

所有的原始动力都是柔性的、无形的。

电器动力的电，燃油动力的汽油，大自然的动力阳光、水，人身上的动力血液。只有柔性无形才能流动，能化无形为有形，无中生万物。

生活中最常用的动力——金钱，也逐步从刚性有形的金、银、纸、卡变化为柔性无形的电子货币和数字货币。在社会进步与发达的同时，金钱流动速度越来越快，效率越来越高，推动社会快速进步，从而满足人类越来越高的物质要求，最终推进到共产主义社会：

社会创造充分富足，人类思想高度文明，世界资源按需分配。

有人认为共产主义社会永远达不到。记得我当年读初中的时候，有一位语文老师不知道在讲什么的时候讲到了共产主义，他说："共产主义只是人类的一个奋斗目标，永远达不到的，比如说，如果按需分配，我们每个人都要一口金牙齿，能做到按需分配吗？"同学们点头称是。

我从小就调皮，嘀咕了一句：共产主义时候的人是高度文明的，这种是不文明的人！结果被老师批评为捣蛋，罚站一节课。

还有一次是政治课老师讲到了计划经济，说计划经济是多么好，需要什么就生产什么，而资本主义国家不是计划经济，是市场经济，什么赚钱都生产什么，然后就生产多了，比如牛奶多了就倒到海里也不给穷人，真是万恶的资本主义！

我想想也是，作为中国人很自豪地说了一句：外国人真苕（方言：傻、蠢、笨、无知），连这都想不到，还是我们中国人聪明！但我的政治老师当时听了我的话后，却愣了大概五秒钟没有说话，也没有罚我上课多嘴！

回想起这些儿童趣事的时候就想到，是不是我天生就具备独立思考的金融天赋呢？成为我今天对金融热爱的基础。

今天回想起三十多年前的对话，又有了新的理解。把这两个故事各取一个名字吧！第一个叫"东哥的共产主义"，第二个就叫作"东哥的计划经济"。

先说"东哥的计划经济"。

三四十年前的计划经济让中国从一穷二白走向了温饱。国家从零开始重建，成为全世界 GDP 增长最快的国家。后来计划经济渐成障碍，阻碍着中国的经济发展，于是中国开始发展市场经济。教科书上是这么描述当时中国经济转型的。

其实我认为并不是计划经济的问题，计划经济和市场经济本来就是同时并存的，是经济发展的多样性，人没有必要非要给它画个框，定是非。佛家把这种强加是非不同的心叫作“分别心”，是一种人为的障碍。

计划经济在那个年代出现的问题，不是计划经济的问题，而是在当时环境下，国民统计数据的不准确和不可收集性，用现在的话语叫作没有准确的“大数据”。原始数据不准确，后面的决策不可能有效。衣服上的第一个扣子扣错了，后面一定全部都错。

大方向的计划经济一定是能够增加人民福祉的。

计划经济的好处是统计需求，定向生产，资源浪费少，从而成本低。今天我们的“小米手机”就是计划经济成功的范例，包括我们现在流行“众筹”生产，也是计划经济。先统计需求量，再生产产品，东西没生产出来就已经卖出去了，哪有什么浪费？

没有卖出去的产品就是一种资源浪费，这些库存的浪费成本，是会加在卖出去产品的价格上面的，否则企业就亏损了，所以我们的商品价格就贵了。我们不仅在为拿到手的产品出钱，也在为没有拿到手的库存产品买单。

之所以今天能够实行计划经济，是因为时代的进步，科技的发展，特别是互联网与移动互联网的高速发展，还有智能手机人手一部的普及。这些技术的发展，能让“大数据”的收集成本很低，并且简单，方便，真实，精准。可以做到让生产企业按需生产，无库存，成本低，价格更接近真实的成本。

“大数据“时代，计划经济让生活更美好。

再来说说“东哥的共产主义”。共产主义的主旨是资源充足，高度文明，按需分配。

资源充足来自哪里？现在全世界生产过剩，库存无法消化，那意味着物资是多的，如果把这些资源合理化按需分配，世界人民的物质应该是富足的。

每个人只要不再为生存而恐惧，便可发挥自己的天赋，做自己热爱的事情，人在天赋和热爱的环境里，就能创造出真正有爱的商品，于是你的天赋得到奖励，快乐创造并获得财富。每个人各尽其能，彰显自我的天赋。这样的人类社会就会发挥出无穷的创造力，社会财富自然增长，人类更加富足。

高度文明主要是经济富足后的心灵幸福提升。

心灵幸福提升后，快乐会增加，欲望会减少，才可能出现按需分配。

按需分配是根据需求来进行资源配置。“需求”不是“要求”，人的需求是不多的，要求却很多，要求很多时候只是欲望，欲望是无穷的：钱、权、色、利、情……欲壑难填！

人除了吃饱肚子，繁衍后代，衣食住行这些需求之外的，全部都是精神享受的层次，甚至说和物质的关系都不大。

共产主义的物质条件其实已经具备，缺的是资源合理分配的天道；缺的是人心欲望无穷的觉醒；缺的是天人合一、共生共荣的思考；缺的是人类命运共同体的格局思想。

心中所想，万物已生，金钱道只是天道的合理分配。金钱无道分配则天下乱，金钱有道流通则世界兴。

金钱道在心，心中富足则万物生。

于是：

天下太平，世界富而有爱，心灵出狱，人类终极幸福！

金钱觉悟：

年　　月　　日

Chapter 47

第四十七章　五个故事之猴票

导读：一文简单说透金融中的钱究竟从哪里来的。

话说 36 年前，1980 年，中国农历庚申猴年，神州大地出现了一件当年并不是很轰动的事情。

1980 年 2 月 15 日，时值春节前夕，中国邮政发行了中国第一套生肖邮票——金猴邮票，这套邮票是中国将要发行的十二生肖系列邮票的

第一套，以后将陆续分 11 年发行另外 11 套。

由于这是中国生肖邮票系列的第一枚，原拟发行 800 万枚。后鉴于集邮活动刚刚恢复，人们的集邮意识尚未苏醒过来，不宜贸然加大。经反复权衡改为 500 万枚。加之印刷上遇到的麻烦，成品率比较低，经验收合格票仅为 4 431 600 枚。就此打住不再印制，这就为日后猴票价格飙升埋下了伏笔。

到今年 2016 年，这套猴票一直在涨，今年已经是 18，000 元一张的价格了。

当年的生肖猴票是八分钱，一版是 80 张（横 8 竖 10）6.4 元，今天一张就涨到了 1.8 万，一版就是 120 多万。

问一个金融的问题：投资 6. 4 元，涨到 120 万，涨了 18 万倍，不可思议，但这是事实，多出来的这么多钱是从哪里来的？

如果这款猴票没有限量发行，也没有人认同和持有这些邮票，会涨这么多钱吗？所以供求关系、市场认同决定了它的价格。钱是从市场认同和市场流通中来的，大家都认为它值钱它就值钱了，大家都认为它不值钱，它就不值钱。

钱是从市场中来的，是从市场认同和市场流通中来的。

第二个金融问题：这么好的事情，如果人人都参与，那所有人都可以赚到这个 120 万吗？

一定不是的，只有第一批持有 80 版猴票的人才能赚到这个钱的。这套猴票市面只有 55 395 版，如果按 1 人集一版的话，也就 5 万多人能赚到这个 120 万。

人人都可以赚到这么多钱吗？不是的！只有这些前期持有猴票的人，这些前期持有限量版的猴票的人，才能真正赚到大钱，

钱是这么来的，是从市场、是从认同中来的。

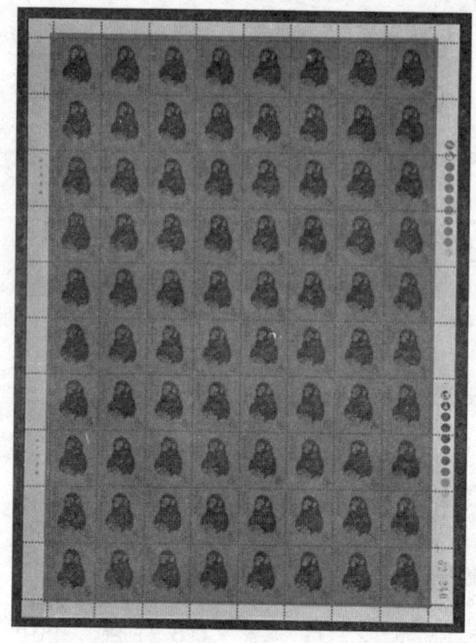

东西是限量的，只会越来越少，而知道和参与的人数是越来越多的，供求关系的不平衡，造成价格的上涨。

因为是限量的，别人有，而你没有，你想要拥有，就要多出钱，多到别人愿意交换。

人生追求的是一个圆满，全套生肖邮票一共 12 款，你已经拥有了 11 款，就差一套 80 年的猴票，你的人生不圆满，为了内心圆满的渴望，你得多出钱。

你心中的圆满值多少钱，你就愿意出多少钱！无形的心理需求最快乐，也最费钱，你买的不是邮票，而是人生的圆满！

这个圆满在每个人心中的价格是不一样的，市场行为就是价高者得！价格步步推高！

随着人们生活水平的提高，心灵快乐是追求的无价之宝。你拥有了快乐的钥匙，就能开启人们的快乐，你就能够快乐的赚钱！

快乐的钥匙是一颗善良与智慧共存的爱心！

以下资料来自“百度知道”：

T46 庚申年邮票

创作者：（设计者）邵柏林（雕刻者）姜伟杰

发行日期：1980-02-15

详细描述：

影雕套印，齿数：11.5，规格：26*31mm，版式：80枚（8*10）

面值：8分，发行量：500万枚

1980年是农历庚申年，2月15日，时值春节前夕，中华人民共和国邮电部发行一套《庚申年》特种邮票，全套1枚。这套邮票是中华人民共和国将要发行的十二生肖系列邮票的第一套，以后将陆续分11年发行另外11套。

当时的发行量为443.16万枚，关于金猴发行量方面，很多资料都是猜测在360万枚至800万枚之间等说法，中国邮票目录上一般标注为500万枚。其实，最权威的数字，出自该邮票设计者邵柏林的文章《〈庚申年〉猴票发行始末》，该文章刊登在2005年2月1日的《中国邮政报》上，邵柏林回忆了金猴邮票的缘起，寻找画作者，黄永玉构思等过程，谈到印数时写到："1980年以前，一般的纪念邮票印量，一个图案不过三四百万枚。由于这是中国生肖邮票系列的第一枚，原拟发行800万枚。后鉴于集邮活动刚刚恢复，人们的集邮意识尚未从冻僵的麻木中苏醒过来，不宜贸然加大。经反复权衡改为500万枚。加之印刷上遇到的麻烦，成品率比较低，经验收合格票仅为4431600枚。就此打住不再印制，这就为日后猴票价格飙升埋下了伏笔。"

金钱觉悟：

年　　月　　日

Chapter 48

第四十八章　金钱的载体

天行健，君子以自强不息，地势坤，君子以厚德载物。

厚德方能载物，德厚方能承担财富，承担一切。否则，钱越多越是灾难。

先看一个很有意义的故事：

股市大震荡的时候，有个千万富翁损失惨重，一生积累的财富一夜间仅剩下百分之一。第二天，人们在报纸上读到他跳楼的消息。

富翁的灵魂飘啊飘，来到一片空旷的地方，这时，他发现上帝在前边赏花。

“上帝，你太残忍了！”富翁忿忿地说，“我大半生的奋斗都得到了你的帮助，为何最后一刻让我破产？”

上帝很慈祥地望着富翁，答："孩子，你的成功，不是因为我的帮助；而你跳楼，更非我逼迫。事实上，我认为你根本不该跳楼。"

富翁说："我一夜间从千万富翁沦为破产者，活着还有什么意思？以后的生命完全是多余的……"

上帝说："你大半生自强不息，从一个穷汉变成了千万富翁，令世人钦佩；到了破产那天，你仍然拥有原先百分之一的财富，还是个'十万富翁'。看看那些乞丐吧，他们连100块钱都没有，不是照样活着吗？"

富翁说："我与乞丐能相提并论吗？我与他们生活在完全不同的境界。"

上帝说："是的，你们的境界完全不同，也致使你们拥有完全不同的欲望。你并非没有足够的金钱养活生命，而是死于那些多余的欲望。"

富翁感到羞愧："那么，您愿意带我回到天堂吗？"

上帝说："我所创造的每一个人的每一分钟生命都不是多余的，而后天赋予你们欲望的是魔鬼。为生命而奋斗，是我对人的要求；为欲望而奋斗，是魔鬼的驱使。因为你的生命终结于欲望，所以，我无法带你上天堂。"

富翁哭了。

上帝怜惜地看着面前的那朵花，说："天堂里没有欲望，只有如花的生命。"

当今社会，金钱崇拜到了极致，认为钱就是一切，钱成了能力的代表，钱成了无所不能的象征。

众人认为钱越多越好，都不知道多少是多，很多人说要很多很多的钱，真正问多少钱就是多的时候，他也不知道，只是说越多越好。这不是梦想，这是欲望！

各种古文经典指出，人的财富（或者叫作一种福报），要与人的德匹配，叫厚德载物，不应该得到的得了是祸，该得到的不取也会损福报。总之，财富要与自己的德匹配，要与自己的能量匹配，不可多得亦不可少取。

为何是厚德载物？人生如舟行苦海，苦尽甘来般若在。

一只承受一千斤的船，上面非要放两千斤的黄金，结局只有一个，船沉人亡金不在，金未来福却祸害。

拥有一百万就要有一百万的承载力，拥有一千万就要有一千万的承载力。

什么是人的承载力，从某个层次来说，就是能拥有，也能失去的能力。

金钱，每天都在换主人。金钱如呼吸，下一秒可能就不属于你。

其实金钱本不属于谁，在谁手中也只是暂时保管。

进入上面故事“千万富翁”的真实场景，想象一下，那就是你！一个千万富翁。

突然有一天，风云变幻，金钱换了主人。手中只剩下十几万，从千万富翁变成了十万“富”翁。经历其中的滔天波浪，此时的你，会走向哪里？完全取决于你的承载力。

就像上面的富翁，人生崩溃，绝望终结。金钱不仅没有给他带来好日子，反而把他带向了地狱！

还是想到：金钱，原本不属于我，现在比最穷的时候还多出了很多钱，然后在得到和失去中，领悟金钱的真相，为下次的心灵坚强进了一步。

没有失去一百万的承载力，得到一百万反而会失去自己。

没有失去一千万的承载力，意外得到一千万反而会惶恐不安。超过承载力的金钱不仅不会带来幸福，反而会带来灾难。

想得到多少，先思考能失去多少的承受力！这一点，在中国当下金融乱世的转型中很重要，找到了自己的人生定位，就能在金融中做一只相忘于江湖的鱼！外在世界丰盛，内心世界自由！

子非鱼，

子是鱼，

金钱如水，

子非鱼是鱼，

在水中，

丰盛而自由！

君子以厚德载物！

金钱觉悟:

年　　月　　日

Chapter 49

第四十九章　四个钱包，钱只会越来越多

人生财富来来去去，聚散无常，人生经常大起大落。
得运时日进斗金还加倍，快意人生，进钱车水马龙。
失意时颗粒无收还赔钱，怀疑人生，进钱难如登天。

人生无常！

这是天意？还是人意？还是上天总不能如人意？

人生不如意常八九，如意常一二，所以人生是常思一二，不想八九。这些心灵鸡汤，听着有道理，却对改变人生一点用都没有，弄不好还把自己变成了一个远离金钱、满口鸡汤、百无一用的人，我厌恶心灵鸡汤。

离心灵鸡汤越远，就离金钱真相越近。

如何让金钱稳定？如何少一些金钱困境？

我们先来思考人的问题，找到问题就找到了答案。问题就是答案！找不出问题比找不到答案更可怕。

人生最担心的是什么？没钱，说这种话的人身体是健康的，人生最担心不是没钱，比没钱更可怕的是不仅没钱还有病，这是大病！不仅人痛苦，心里烦恼，而且还不能赚钱，不仅不能赚钱，还要花钱。这是人生的第一大后顾之忧。

没钱不太要紧，现在好多人用上了信用卡，能够缓解一下人生的“穷病”。这个病也不能掉以轻心，不会用信用卡的人要特别小心，弄不好会越治越病。

第三忧是理财，钱放在银行是安全，但是纯亏的，通货膨胀让你的购买力稀释于无形之中了。

那就去投资吧！

可是投资又有风险，理财风险小没收益，投资收益大伴随大风险，人生矛盾重重，进退两难，怎么办？

人生金钱有四大忧色：

- **没钱**
- **没钱还有病**
- **未来安全感觉的准备金**
- **增值金钱，才有未来**

我们都有一个钱包，而金钱的稳定需要四个钱包。有了四个钱包，金钱从此稳定，金钱只会向越来越多的方向走。

有钱有真相，无钱先赚钱。

第一个钱包是现金，第二个钱包是保障，第三个钱包是理财，第四个钱包是投资。

一、现金是马上要用的钱，是每天的基本生活费用，短期要用的钱。

二、保障主要是来帮我们解决想不到的一些金钱损失，主要是意外和大病，是可以用保险来解决的。这样可以让我们的金钱不要出现“被动变现”的情况，比如明明知道股票马上要涨了，但现在临时急用钱，只能低价或者亏损变现，这种双重损失的极端情形在理财中是一定要杜绝的。

第三个是储蓄钱包，是一笔保值的钱，这笔钱对应的目标主要是子女教育和养老的刚性支出，所以需要一个待续增长，源源不断抵御通胀的一项保值的钱，可以通过年金、债券和定期储蓄来帮助完成。这个钱包是我们整个家庭理财的核心，因为三个账户的钱都是从这个账户里出来的。

第四个是投资钱包。这个才是真正增值的钱包，前面的三个钱包都是不赚钱的，只有这个钱包有机会让钱变多，但是投资又是有风险的。

配置好这四个钱包，能让金钱稳定地变多。

理财不亚于一场战争，防守和进攻兼备，前三个钱包就是防守，第四个钱包是让金钱变多的进攻，每个钱包之间的防火墙至关重要，不得因为一个钱包出现问题而影响到其他三个钱包。

在投资中获利最重要的因素是平静的心，调用 20%~30%，最多不能超过 50% 左右的资金来进行投资是相对理性的，即使一次出现重大的错误，也不会造成满盘皆输，其他的财务没有受到影响，也不会造成“被动变现”的困境，在这种输得起的心境下，赚钱的概率大大提高。

“富贵险中求”强调的是险而不是富贵，用过多的资金进行风险投资是不明智的，赢和输的概率都太高，和赌博没有什么两样，人生很多时候是输不起的。当输不起的风险存在心里的时候，人心是疯狂和脆弱的，心已入魔的欲望，不合天道，金钱一定远离！

平静心能带来更多的金钱。

人生的金钱只会越来越多的方便法门——四个钱包。

金钱觉悟:

年　　月　　日

Chapter 50

第五十章　金钱老二它老大

在《金钱真相》的世界里，有三样东西最重要，钱永远是人生第二重要的东西。

人生第一重要的东西是什么呢？每个人都不一样。人生第一重要的东西一定是你的喜欢，是你的热爱，是比金钱更重要的，是你愿意不惜代价去做的事情。

人一生一定要找到自己的第一，否则这一辈子一定有遗憾！现在还没有找到，也没有关系，带着意识，静下心来，在自己的内心去寻找，找到那个沉睡多年、委屈多年、一直在等待你的另一个自己！

找到第一，第二的金钱自然到来。

《金钱真相》第三重要的东西是：赚钱之后内心安宁，后顾无忧。

把第一重要的找到。

把第二重要的弄到。

把第三重要的得到。

人生的幸福指数就会提升 N 倍。

没有多少人会相信，钱是人生第二重要的东西。钱我都弄不来，要第一重要的东西干吗？

我们还是先弄钱吧，以后再谈点别的。

山无陵，天地合，也不与金绝。

你是风儿我是沙，缠缠绵绵要钱花。

先弄钱，再谈别的。这么俗的话，别看俗，这可是圣人的话啊！

子曰：不富不教！

2500 多年前，孔老师就说过，不先让你们这些家伙富起来，谁会听孔老师讲话呀？

几千年前圣人就说，人要先赚到钱，再讲话。

我们听圣人言，先来赚钱！

没有钱之前，钱是老大。有钱之后，钱才是老二。

想赚钱？先要看现在是个什么世道，这是个认钱的世道，你我都一样。

看看以前的世道。

农业道，有吃有喝温饱就好。

工业道，有东西卖就好，那个世道买的人多，卖的人少，能弄到东西卖，你就有钱了。

现在时代变了，你正在琢磨着怎么卖点东西给别人的时候，别人已经计划卖好多東西给你了。卖东西的人比买东西的人还多，买的人成了稀缺品。

现今世道最不缺的就是商品，最缺的是卖给谁，再去扎堆卖东西呢，很有难度。

有人说东西不重要，只要制度好。于是出现这个场景：最不需要那些东西的人买了一大堆那东西堆在家里，希望能够卖给比自己还不需要的人，这叫啥事儿！你不喜欢那，你卖它干啥？你卖得出去？你以为还是供不应求的那个世界？

农业产品不成问题，工业产品也不成问题，很多都是供过于求了。想想为什么国家要去库存吧，为什么还生产更多的同质商品来给国家添乱呢？

只要商品流通受阻，整个社会都会出现不同的问题，流水不腐，户枢不蠹，商品流不动就变成了死水。**社会是联动的，一链不动，百业萧条。**社会商品已经过剩了，又不能倒退回去。那就要计划一下，把那些过剩的物资怎么分配出去。也不能乱分配，否则又变成了不需要的人分配了一大堆资源浪费掉，真正需要的人却没有分配到。

房地产不就是这样吗？每次都是刺激经济，钱都流到哪里去了？本来房子多了卖不出去，结果钱又溜到了房地产，然后又建出更多的房子，更卖不出去，出现问题的是银行和国家，到最后还是转嫁到我们每一个人的头上，最终是我们为物价的上涨买单。

那就投票来决定吧！每个人手中的一元钱都是一票。

什么？用钱投票？那就歇歇吧！我不参加，我以为是免费投票呢！

你有钱你投票，我钱少我睡觉。

于是，如何合理分配的计划经济正式开始了。中国改革开放以前的计划经济是商品不够、供不应求的调配，根本称不上什么计划经济。

50
50 EURO ΕΥΡΩ

钱，最能代表自己的真实意愿，支持或不支持，相信或不相信，用钱投票比用嘴巴投票要诚实得多。

听其言，观其行，投钞票。

钱不会说谎！金钱的流动方向代表真实地选择。于是得人心的商品卖得好，不得人心的商品逐步淘汰。

知行合一，方为大道！

做事业，先看自己愿不愿意为这件事情或商品“投票”（花钱）。如果自己都不喜欢、不愿意买的商品，就别去做了。

如果只因为可以赚钱而去从事这个生意，一定会不开心，也不会赚到什么钱。

我们已经过了供不应求的温饱农工时代，现在是选择心灵快乐的文化科技新时代。不从事让自己快乐的事业，怎么可能带给自己幸福？怎么可能成为事业？最多只是做事罢了，根本就没有业。业是有根的，有幸福的，有热情的，有现在有未来的，有“虽千万人，吾往矣”的决心和快乐，找到这样的体验才是事业。

人生苦短，做热爱的事情！在热爱的事情中，顺便赚钱。这样你就不是在工作，你是在快乐得享受工作！

这种快乐的金钱、带着热情的金钱，会越来越多得流向快乐的你，并给你身边所有的人带来金钱和热情。

用无价的快乐，获得有价的金钱。你就达到了巅峰状态，从热情来到创造。

创造快乐，创造金钱，提升到另一个金钱和人生的高度。

让金钱成为你第二重要的东西！

Chapter 51

第五十一章　风水轮流转金钱

古人提出“士农工商”的层次级别，在当时的时代是符合的。传到今天，就不应该有层次级别之分，而是分工合作，共生共荣，方是大道。

《管子·小匡》：“士农工商四民者，国之石（柱石）民也。”《淮南子·齐俗训》：“是以人不兼官，官不兼事，士农工商，乡别州异，是故，士与士言行，农与农言力，工与工言巧，商与商言数。”

“商”在古人的眼里是不劳而获、地位最低下的人，古时“重农抑商”，在农业为主的时代，这种思维是符合当时时代的。

万般皆下品，唯有读书高。读书是为了成为士。古时候，有德行的人称为士，士可杀不可辱，士是有骨气的读书人。

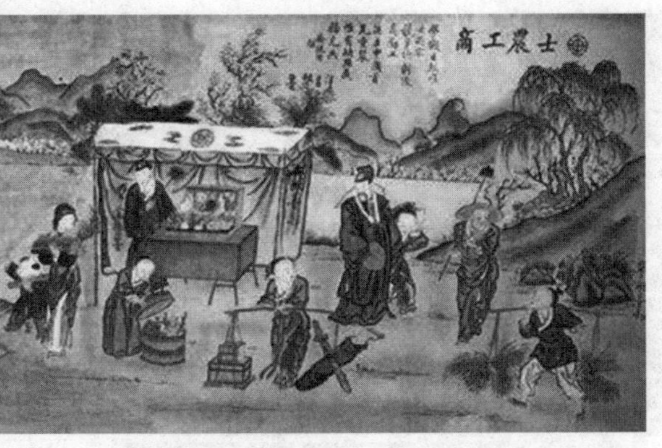

士为知己者死，士的极高精神乐土。士，学而优则仕，书读得再好一点，就可以成为仕。仕，称为仕途，就是当官，有德行的人当官，可以造福一方百姓。

读书，是为了成为圣贤，成为造福一方的仕子，这是读书人的根本要义。

大丈夫之第一等大事，贵在读书；读书人第一等大事，贵在学道。读书不悟道，读书何用？只会造成智障而已，用魔心只能读魔书，用人心只能读人书，用圣贤之心可以读经典之书。

古时候对读书的人要求很高，行有余力，则以学文。

子曰："弟子，入则孝，出则悌，谨而信，泛爱众，而亲仁。行有余力，则以学文。"

——《论语·学而》

做好了前面说的这些事，还有余力，就可以学习了。

达到了古人的这些要求，把士放在第一位，是有道理的。

农，人生存的食物是靠大地的滋养，农业是生存的根本。没有生物可以离开大地而活。只有脚踏实地，才能经天纬地。

尊重大地，尊重农业，是因为尊重生命的母亲，地乃万物之母，人要向大自然学习。道德经说："人法地，地法天，天法道，道法自然"。自然而然。

工业的发展是为了更加丰富人的需求。工业的发展是为了解放生产力，让人从低级的劳动中逐渐解放出来，而后有更多的时间用来追求内心的愉悦和安宁。

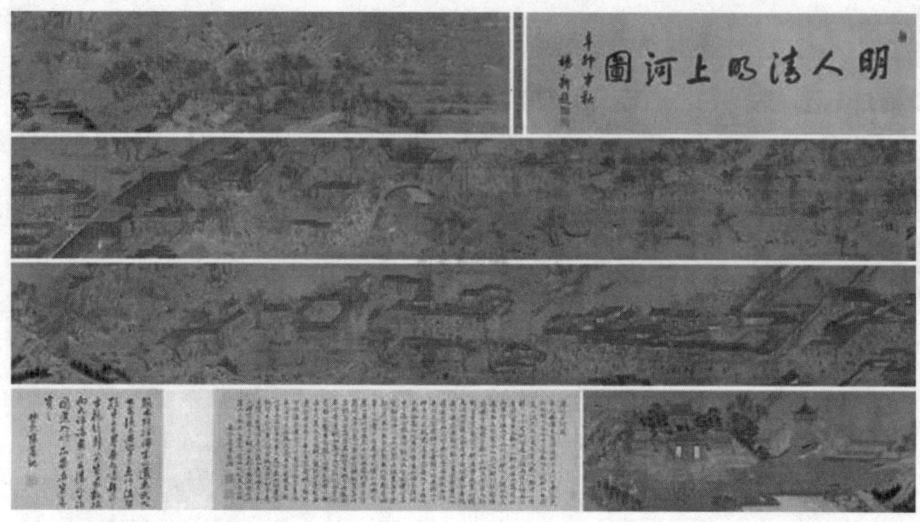

人心亦田地，静慧来耕耘。——扁鸿生。

商，农业发达了，工业发展了，商业才显得重要。

物质贫乏，供不应求的时代，根本彰显不了商业的伟大意义。

中国在古时候“重农抑商”，防止人心取巧，做虚事而不务实。古人支持勤劳致富，自给自足，当时也没有太多的资源需要调配，也不太多需要商业，当时相信有形的物品，瞧不起无形的价值，也不认同无形的资产。

那个时候无形资产都不太值钱，比如唱歌的称为卖艺，演戏的称为戏子，说相声的称为逗笑，等等这些非物质的文化从业者赚钱都比较少，生活在社会的低层。

随着农业的富足、工业文明的发展，这一切天翻地覆。唱歌的艺者日进斗金，说相声逗笑的财源滚滚，演戏的戏子资产轻松过亿。

还有，本来是服务于社会实体资源的金融业，成了凌驾于实体之上的大爷，颐指气使，而真正直接服务于民生的实体企业生存困难。

万事万物，过犹不及。

风水轮流转，现在已经进入了金融时代。金融越发达，应该是实体越轻松，金融就是服务业。这些不正常的现象，逐步会恢复正常。

现在的实体不好做，因为金钱无道运行，流通受阻。实体不好做，却是一个大机会，我们在实体生意低迷的时候，让金钱顺道而行，以低价进入实体百业。用有道运行的金钱，整合认同我们金钱思想的投资人和消费者。在实体经济低迷时，趁低介入，人性经营，顺势进入金融为辅、实业为王的大时代。

金融最终会恢复正常，那时你已经顺势成王。

道法自然，一切终会—— 自然而然。

具备金钱思想的人顺势成就，踏对时代大势的步伐。

风水轮流转，把握时代风水的流程和顺序，才能踏对时代的节奏，顺道而行，功成而身贵。

金钱觉悟:

年　　月　　日

Chapter 52

第五十二章　无中生有

道可道，非常道。
名可名，非常名。
无，名天地之始，
有，名万物之母。
故常无，欲以观其妙，
常有，欲以观其缴。
此二者同出而异名。

同谓之玄，

玄之又玄，

众妙之门。

《道德经》开篇即指出宇宙万物之道，当然也包括了金钱之道。

金钱的来去，尽在有无之间的玄妙。

有，为了方便，暂时理解为即存在、可见的东西；无，即缥缈无物、不可见的，但可能感知的东西。

买房子，买的是地面、墙、门窗、天花板等等这些实际存在的东西，这叫有。而用的却是“无”，是空间。如果这个房子全是“有”，全是墙，那这个房子就没有空间住人了，也就没有用了。

一只杯子，买的是杯子这个“有”，用的却是“无”——杯子能盛放的空间。

车子，车轴和轮子之间有一个“无”——间隙，没有这个“无”，车轮子就转动不了，就变成了无用的模型。

有之以为利，无之以为用。

金钱于此，无二无别。

有，是我们想要的，无，才是我们需要的。

无中生有，有生万物。

金钱当从“无”中求，“无”求金钱到，“有”求困一生。

从“有”中求财的，基本上都生活在社会的低层，但求温饱。

从“无”中求财的，绝大多数已经功成名就，金钱无忧。

买有形实用的东西或者马上能用的东西，最后都成了穷人，困于金钱。

经常买不用或当下不用的东西的人，最后都成为了富人，而且金钱易得。

穷人买房子是为了住的，而且是按揭，二十年分期付款，从此人生直线毁灭，成了金钱的奴隶，压力伴随一生，终生难以绽放自我的精彩。

富人买房子不是为了住的，对自己的身体来说是无用的，而是一种投资，无中生有，把钱变多。

穷人思眼前，富人思来年。

在一些大型的学习场所会停着很多豪车，这些人投资几万几十万去学习，几十万出去，什么有形的东西都没拿走，就是得到了金钱的智慧，这一个看不见也摸不着虚无的东西，就叫作智慧或者思想吧！

有人舍得花几十万买一辆车，或者一套房子，不舍得花几万块钱去学习能影响一生的智慧。那么几年之后，两种思想的差距，一个在天上，一个在地下。

心中有智慧，可以无中生有。得到越多的身外之物，只是消耗金钱的能量，只会让自己越来越迷失、恐慌、焦虑、更没有安全感。

人生的强大在内心，身外无赘物，人不在于有多少钱，多少物，而在于随时敢于面对一无所有。

智慧在你心，财富就在你的掌控之中，你就是财富，而非身外之物，一无所有照样无中生有。

有智慧了，做事赚钱就很容易。只要找到了别人的“无”，给他需要的“无”，你就有了。

每个人的“无”是不一样的，穷人的“无”是金钱，给他欲望和动力，再给他一个机会，事就成了。

富人的“无”是心灵的需求，越是富人越是困惑，越是痛苦，而且富人的痛苦比穷人的痛苦多得多。

穷人认为痛苦只有一个：只要有钱，什么问题都好了！只要穷人一

55
60
5
30
25
5
20
10
15

直没赚到足够的钱，他就一直活在追求金钱的希望之中。

而富人有了金钱之后，发现更多问题是钱解决不了的，突然也没有了别的方向和出路，人生顿时绝望。

凡是钱能解决的问题都不是问题，而钱也不能解决的问题就是死题。

扁鸿生做过一个总结，富人自杀的比例比穷人自杀的比例大得多。

假如目前有20%的富人，80%的穷人，再用数据来算就明白了，原来富人更加痛苦。

人生最怕的不是没钱，而是没有希望。很多富人有钱之后失去了希望和斗志，一步一步在堕落中迷失自己。

越堕落，越快乐，越快乐，越痛苦。
没钱的时候修身，养活自己的身体。
有钱的时候修心，绽放自己的灵魂。
“去烦恼”，是富人的无。

乾隆皇帝和和珅的关系是解释有无之变的极好例子。

乾隆最缺的是什么？能“有”的东西，他都有了，天下有了，钱有了，美女有了，忠臣有了，奸臣有了。钱对他来说也不是什么重要的，你贪污也没有什么大事。

乾隆皇帝缺的是朋友，是真心神交的朋友。

皇帝也是人，有自己的私心和私欲，但贵为天子，很多事，不可为，有顾虑。

特别是一帮最撩人嫌的“忠臣”，经常让皇帝做一些应该做但不喜欢做的事。忠臣们只要自己是忠臣、清官之名，表现自己，而少去关心皇帝心灵的喜乐。

只有一个人，一天二十四小时心中只有皇上，皇上想干不好说的事和珅都帮皇帝安排好了，他真正是一个皇帝心灵的朋友，唯一的“朋友”，当朝就只有这么一个。

和珅的地位不可替代，他填补了皇帝心中的“无”。

朝堂之上，都是皇帝和臣工或者是老板和员工的关系，而乾隆的朋友，只有一个和珅。

有一次乾隆问和珅：“你是忠臣还是奸臣？”

和珅笑着说：“臣不是忠臣。”

“那你是奸臣？”

“臣也不是奸臣。”

“你不是忠臣，也不是奸臣，那你是什么？”

和珅说：“臣既当不了忠臣，更不愿当奸臣，充其量不过是一个每天想让皇上高兴的弄臣而已！”

乾隆听完哈哈大笑，心领神会！

你喜欢这样的朋友吗？

你懂得了皇帝的“无”，可以成为巨贪。当然，我们不是从道德上去评判好坏，只从心灵上对话孤独。

你懂得了富人的“无”，富人的钱就是为你赚的。

你懂得了穷人的“无”，穷人就会为你赚钱。

你敢于投资自己的“无”，你的钱就会无中生有，生生不息。

金钱已经在你的思想里，思想是“无”，无不是没有，而是无处不有，无中生有。

金钱觉悟:

年　　月　　日

C h a p t e r 53

第五十三章　金融里最最重要的东西

金融是赚钱最快的生意，也是亏钱最容易的生意。

只要两个动作——买进和卖出，操作上不需要技巧，也不需要努力劳动。如此轻松又赚钱的事情，如果这里面又没有一个东西，人人都会去做金融，而不愿意做其他的了。

于是乎，没有人种地了，没有人卖菜了，没有人做生意了……这个社会逐渐百业荒芜。

结果是，大家都有钱了，但社会上没有什么东西卖了，物以稀为贵，钱多了就不值钱了，商品少了物价就飞涨，钱变成了废纸，国家经济全面倒退，甚至崩溃了。

只有金融没有实体的世界是多么的可怕。

金融里面的什么东西这么重要？没有了这个东西，国家都会出现问题？

这个东西就是大家最不喜欢又必须存在的东西——风险。

什么！没搞错吧？金融里必须有风险？

事实如此，我们来认认真真地看一下。

金钱是通货，是万能的商品，可以交换到所有的东西，所以大家都在追求金钱。其实大家追求的是金钱带来的购物储备权。

钱本身不能吃，不能喝，不能住，不能直接使用，不能直接满足人的任何一种生理需求。

我们追逐的金钱是用来交换的。我们手中的金钱也是交换来的。我们用劳动、用时间、用能力向别人换金钱，又用金钱去换别人提供的东西或者服务。

我们得到金钱就要付出等值的交换。

大多数人更希望不劳而获。

在商业发达的社会，出现了一种新的行业——金融。通过运作金钱来获得更多的金钱，不需要付出那么多的劳动、时间、能力等等，只通过买和卖的动作就能获得金钱，如果还没有风险，你会选择什么？

人性，都是一样的，大家都会做简单又来钱快的事，没有人愿意再去实实在在地做事情了。

金融前期的时候，看到的表像是人人都在赚钱，因为价格还在不断地推高，大家还认为，未来会更高，还会不断地有人和钱进入这个泡沫。

吹大、吹大，再吹大……

历史上曾经发生过三次最有名的金融泡沫事件：荷兰的郁金香炒作、法国的密西西比公司泡沫、英国的南海公司泡沫。有的连政府都参与其中投机炒作，大众疯狂跟进……

总有一些理性的人，比如郁金香事件中的一些理性人会思考：不过是一株花而已，怎么看怎么算都不能值一套房子的价格，越想越不对，越想越怕。

他们实在找不到理由来说服自己，于是他们选择了卖出这株花，套现出局。更多的人也在理性后，恐惧地卖出。

价格瞬间一泻千里，美丽的泡沫，瞬间破灭，哀鸿遍野，荷兰的国家为之动摇，经济倒退几十年。

风险，在积累中爆发，很多人倾家荡产、国家动荡，这是风险让人厌恶的一面。

风险为什么又必须存在呢？

风险的存在是为了调节社会的分工。

风险之后，人民在金融伤痛中反思自己，大多数人确认：自己不是玩金融的这块料，没有能力赚这个“轻松的”钱。金融的世界全是套路，全 TMD 的套路，不是我们这些老实人干的，还是种地卖菜实在，还是上班可靠，该开店还是去开店……..每个人重新找到自己的位置，各司其职，社会各归其位。

通过一段时间社会秩序逐步恢复正常，让时间来修复失去金钱的伤痛。

社会是一个整体，就像一个完整的身体，身体器官四肢就是实体，身体里面流动的血液就是金融，眼睛就做眼睛的事情，耳朵就做耳朵的事情，手就做手的事情，脚就做脚的事情。

如果“大家”看见这个时间血液（金融）发财，各个器官都跑去做血液的事情，这个人就盲、聋、哑，手也不动了，脚也不行了，整个人也就不是人了。

风险，对于整个社会来说，就是为了动态地分配和调节社会资源。让人们各归其位，每个人做自己该做、会做、擅长的事情，社会就平衡稳定了。

各归其位，则天下太平。

金融中不能“没有风险”，这是逻辑，这是规律，这是世间道。想参与金融就先过风险这一关，没有风险意识，不要参与其中。

所谓“没有风险”的金融，一定是有问题的金融。

连银行都会倒闭，国家都会破产，还有什么是没有风险的？

钱只要离开你的口袋，哪怕一分钟都是风险。钱放在银行也会有通货膨胀、挤兑、银行倒闭等等的风险。

金融就是为未来的风险买单，金融里有很多不确定的因素和变化，夸张地说，金融就是风险。

风险是人生必需的一堂课，风险也是国家必须给人民补的一堂课，中国现在就在给人民补风险这一课。

当年中国发行股票的时候，没有人买，国家逼着公务员买，不买就不让上班，很多人宁可不要工作也不买，股票发行都无耻到这一步了，当年被逼着买股票的人后来都逼得发财了。股票的商机显现，越来越多

的人参与，当年的股票让人人赚钱，人人去炒股了。听说当年连医生都没有心情动手术了，看着心电图就像股票的K线图，根本就静不下心来拿稳手术刀。

物极必反是天道，后来，股票居然开始跌了，有人开始亏了。出现了这样的一幕：有一批老人到市政府门口闹事，说："政府啊！把钱还给我，我保证再也不炒股了！"闹了好多天。听说出了这样一个小段子，一个守门的老人说了一段话，大家就不好意思地走了！

"你们亏了来找政府，你们以前赚钱的时候没有来找政府哭着闹着说，政府啊，我赚钱了，我把钱给政府吧！赚了钱自己拿着，亏了钱找别人，你们自己说说这样公平吗？你们还好意思闹？呵呵！"

这样可笑的一幕幕一直在发生。最近发生了多起的P2P亏损破产、无法兑付的事件：e租宝，汇生行，泛亚金属等等，好多人也在找政府闹事，投钱的时候国家拦都拦不住，国家说"投资有风险，投资需谨慎"没人理。

赚了钱自己拿着，亏钱了找别人，别人是个冤大头啊？那我们反过来，我当你，你当这个冤大头的"别人"！

投资一定是有风险的。大家在投资的风险中学习、习惯、承担自己的责任，现在这些风险的经历是在帮国家补未来肯定会有银行破产这一课。在未来银行破产的日子到来时，大家有个心理准备！

银行会破产吗？为什么出了个"银行破产法"，为什么银行要买保险。这些都是为银行破产做好了充分的准备工作！

扁鸿生预测，最近10年，中国一定会出现有银行破产的事情，不一定全是坏事，中国有银行破产是中国金融走上正轨的信号。

相信中国人未来会适应银行的破产！

没有经过风险洗礼的金融是不健康的金融，补好了这一课，中国才能向前走，才能实现中国梦！

那我们有没办法来掌控风险吗？我很遗憾地说，没有！

有人说，买保险。

保险并不能保事件本身的风险，只是为未来的风险定一个金钱价格合同，用多数人的钱对赌少数人的风险，补风险损失之后的金钱窟窿。

所以，我们只能是把风险的概率变小一点，让收益比损失多一点。

在金融中没有常胜将军，他们只不过是赢的比输的多一些，他们就是人生的赢家。

这是规律，不可改变，只可顺道而行。

总结几点减小“风险概率”的方法：

· 时间越长，风险越大。

· 前期的风险最大，收益也最大

· 安全是最大的风险。

· 人人都看见的风险，就不再是风险（因为已经跌到最低了）；人人都觉得安全，就不再是安全。物极必反，反者道之动。

金钱觉悟:

年　　月　　日

Chapter 54

第五十四章　拯救世界的病毒

2010 年，我在一张报纸上知道了比特币，当时并不知其为何物，却莫名其妙地痴迷，想深入了解其中的技术，却投师无门。在网上问了一些参与比特币的人，他们也只会炒作，不懂技术。后来终于在 2013 年 9 月 1 号，在网上买到了第一本介绍比特币的书《比特币》，自学成才。

因为自己是计算机网络工程师，又热爱金融，痴迷新科技。这本书成为我比特币的启蒙之作，我看到了一个全新的未来世界。一个让全人类提高幸福福祉的时代已经到来。

但如果无动于衷，那未来与你无关，未来的你仍然是今天的你。

我用过一个叫 BitTorrent 的下载软件，是一种 P2P（点对点）技术的下载软件，因为下载速度非常快，软件的英文发音也像“变态”，中国人叫作变态下载，还有后来的电驴等下载软件，于是对 P2P 点对点的下载有一个基础的认知。

世界上居然有这样一种不可思议、颠覆思想的传输技术，打破了下载线程带宽极限的魔咒，下载文件的人越多，下载速度反而越快。在这种 P2P 点对点传输技术之上增加了金钱的思想，比特币的技术由此而生。

我认为今天的比特币思想和爆发是当年那个“中本聪”始料未及的。到现在还不知道“中本聪”是一个人还是一个机构，还是一位圣贤之人？但这不重要，比特币可以脱离“中本聪”独立存在并良性运行。

比特币的核心不是“币”而是一个系统，一个全世界点对点交流的系统。离开这个系统，比特币这一段代码没有任何价值。

比特币系统的核心是“区块链”技术。通过比特币开源代码，全球“挖矿”维护出了一个全球分散式分布的账本——区块链。

区块链通过全球运算竞赛来争夺记账权，然后全球广播，同步最正确最长的这个链条儿，作为当下最后的记录，最快、最正确、最长链条的这位矿工就获取收益——奖励比特币。全球同步以后，每一个区块链账本都是一模一样的。

我的理解，**中本聪就是运用病毒的思想制造出一个于人类有益的全球系统。比特币就是一种能全球极速扩散并复制到全世界电脑上的“病毒”系统，“中本聪”化病毒功能为货币功能，变害为宝，是造福全世界的一个伟大创新。**

比特币本质就是一种网络病毒，它的全互联网同步数据区块链的扩散方式就是病毒的扩散方式，只不过中本聪把病毒思想变成一种货币功能，变成一种特别的东西，变成了未来几千亿美元的流通市值。

世界上没有不好的东西，只看会不会用。会用天下皆为我用，不会用天下皆为弃物。

《道德经》曰："是以圣人，常善救人，故无弃人；常善救物，故无弃物。"

病毒的特点就是疯狂地扩散，原样地复制，最终达到全球同步。比特币就是一种病毒程序，让全球的电脑病毒（比特币挖矿程序）扩散并原样复制区块链，而成为一个全球公开、公平、公正的开放式的货币金融系统。未来这种"病毒"——区块链，还会应用到更多的行业之中，流行并改变世界！

比特币——一种正在改变和拯救全球金融的病毒。

下面送给大家一个"病毒"的笑话思考：

这是之前的一张旧图了，国外网友制作的一张地球和火星的对话，现在看到还是觉得蛮有感触的，画风也蛮走心的，你们多感受一会儿……

最后这画风……哈哈哈哈，我也是醉了！

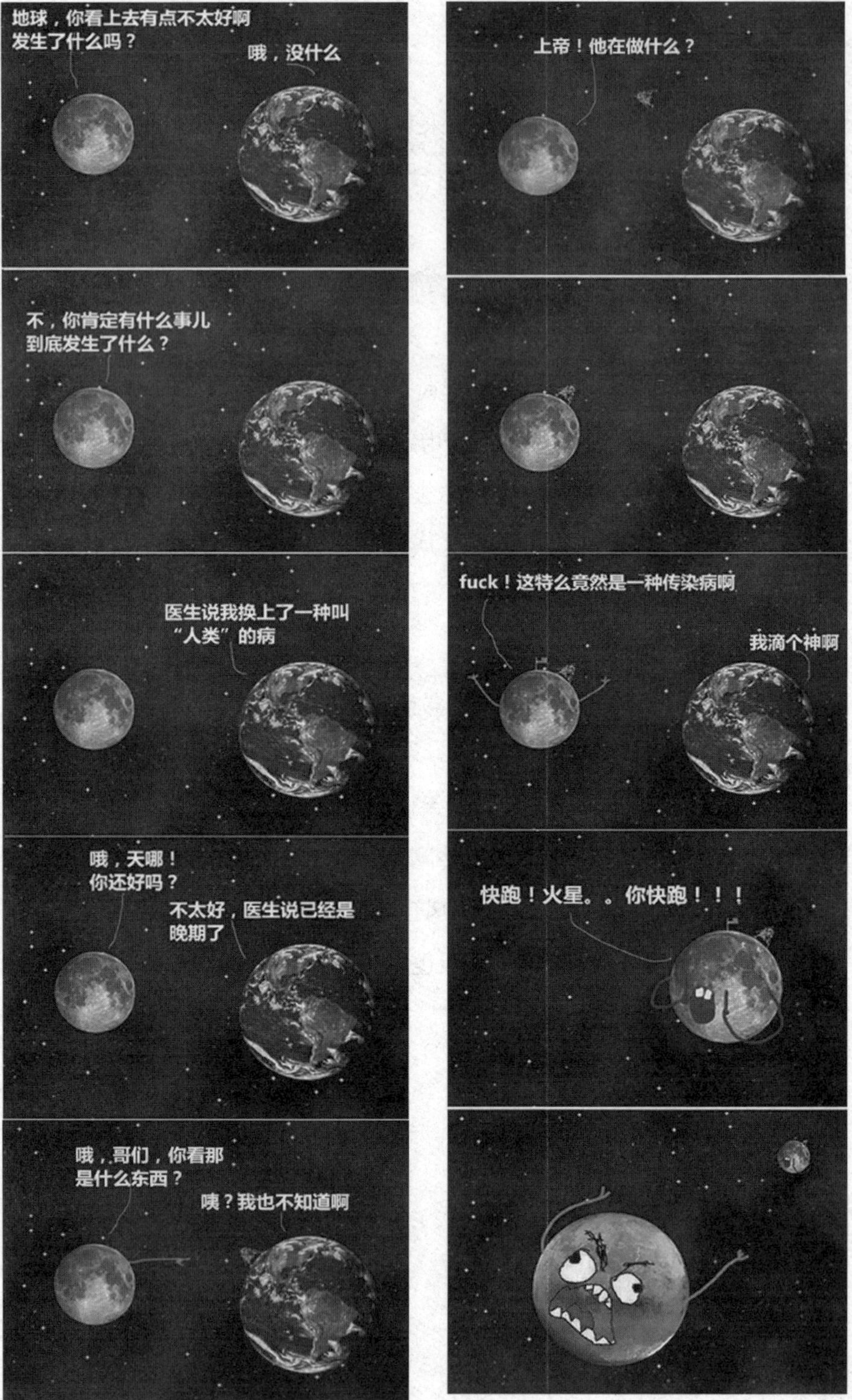
地球，你看上去有点不太好啊
发生了什么吗？
哦，没什么
不，你肯定有什么事儿
到底发生了什么？
医生说我换上了一种叫
“人类”的病
哦，天哪！
你还好吗？
不太好，医生说已经是
晚期了
哦，哥们，你看那
是什么东西？
咦？我也不知道啊
上帝！他在做什么？
fuck！这特么竟然是一种传染病啊
我滴个神啊
快跑！火星。。你快跑！！！

Chapter 55

第五十五章　东哥欠数字货币行业的一个道歉

东哥是计算机网络工程师，非常热爱新科技及新生事物。在 2009 年听了郎咸平教授的一节经济课，从此热爱上了计算机 + 金融。特别是在 2010 年莫名其妙地爱上了比特币这一个充满争议的新生科技，成为一位热爱金融的电脑极客，并获得了金钱的祝福和奖励，从此步入了金钱真相的曼妙之旅。

理工男最大的特点是热爱技术的狂热超过了金钱的欲望。我学习了许多关于比特币及区块链的书籍及资料，在比特币知识及技术认知上提升了一个高度，顺便赚了一些钱。

技术的提高加财富的获得，造成了我对技术的热爱。和朋友讲解虚拟货币的时候反而是技术为主、赚钱其次的观点。一讲到技术的热情比获得金钱更兴奋的状态，特别是碰到几个懂比特币的朋友交流时，竟到了忘我的状态，结果是大家都听得那个高兴，玩了个热闹，却没有什么结果。

前几天在深圳和几个香港台湾的朋友讲解时，其中一个朋友终于道出了真相，也促使我今天向被我用虚拟货币专业知识“折磨过的朋友们”道歉。

深圳的朋友说了什么呢？

他说：“东哥，听你讲了数字货币之后，我感觉很有未来！但是这么多的专业知识，什么开源代码，去中心化，区块链、智能合约，物联网，公钥私钥……我都记不下来了，有点望而却步，感觉这个离我有点远，我怕这个太麻烦玩不好。

当天晚上我想了很多，所思所得总结成两点。

第一， 老子的《道德经》说，多则惑，少则得。

第二，人，往往困在自己的长处而不自知。

今天，我向虚拟货币行业（不包括市面上99%的假虚拟货币）道歉。并做出以下说明：

·我们可以选择用数字货币这个工具来理财，回避通货膨胀及货币贬值的风险，保住自己的财富。金融越动荡，数字货币越值钱，这个工具是我们用来用的。就像我们开汽车，会开就好了，不用太了解车的构造及工作原理。

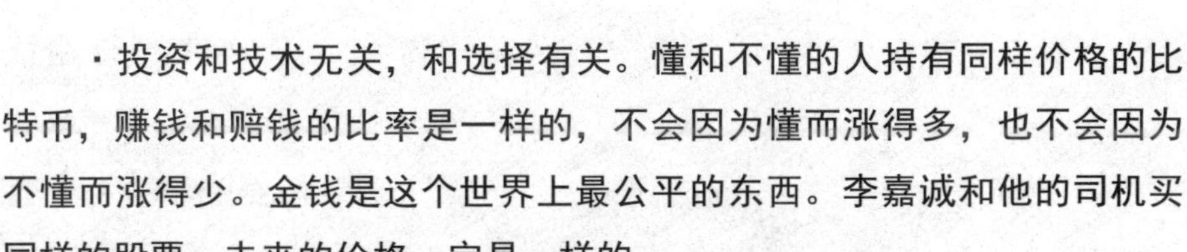

·投资和技术无关，和选择有关。懂和不懂的人持有同样价格的比特币，赚钱和赔钱的比率是一样的，不会因为懂而涨得多，也不会因为不懂而涨得少。金钱是这个世界上最公平的东西。李嘉诚和他的司机买同样的股票，未来的价格一定是一样的。

·技术方面的懂和不懂的区别是，懂的人，是知道结果是什么，只是在等待结果的发生。而不懂的人，是相信结果会发生，在过程的中间故事时，内心会波动，会煎熬，是担心受怕的过程，但结果都是一样的。

金钱是平等的，金钱的出现就是为了公平。

如果让懂技术的人赚到钱，那对不懂技术的人是不公平的。

道完歉后，今天我不从技术的角度重新讲一次数字货币。

为什么比特币可能是未来巨大的财富风口？

如果货币总量不变多，而房子在不停地建造变多，你觉得房子是会涨价还是会跌价？

比特币的总量是2100万枚。因为区块链技术、加密运算的方式及开源代码的限定，它是不可能多出一个的（今天不讲技术原理）。比特币总量恒定，而其他的东西是越来越多的，于是总量限量的东西会越来越值钱，能够无限制造的东西会越来越不值钱。

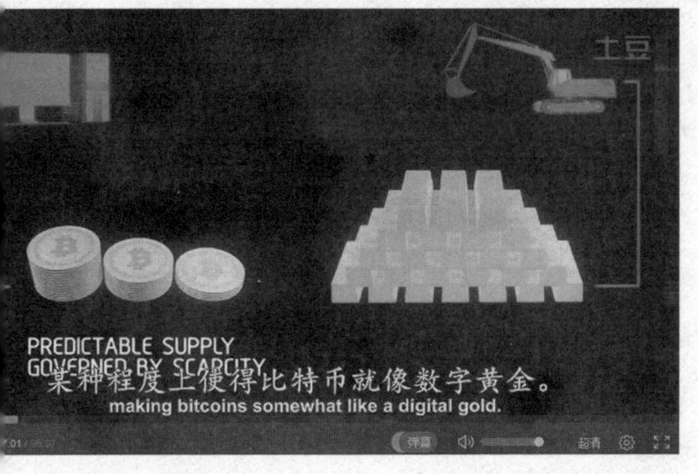

黄金因为稀少而物以稀为贵，比特币就是互联网上的黄金。并得到了许

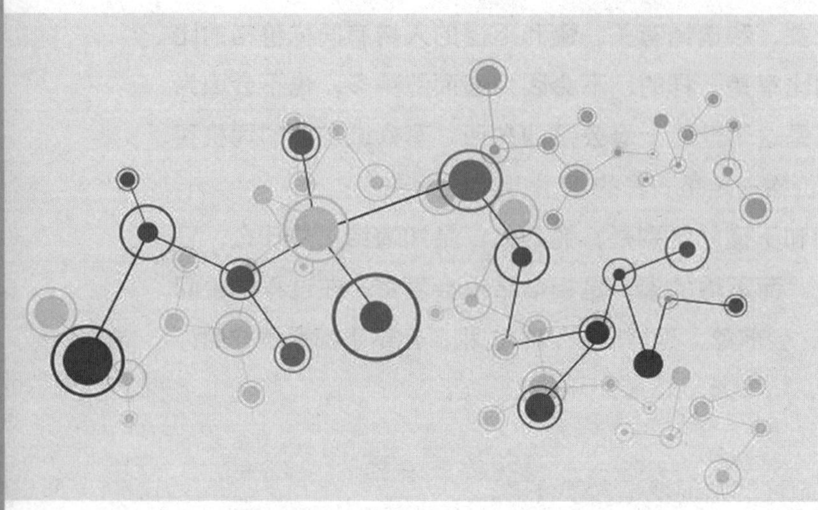

多国家的普遍认同，获得了更多的认同价值。

我认为未来数字货币发展的方向会是：立足于商业运用，让生活中有更多的人认同，能在网上购买众多的商品，线下也能有很多方便消费的商家，还有数字货币柜员机，可以随时兑换比特币、美元、人民币等法定货币，并可以做为资产认定、抵押借款，而且做到国家可以监管，并向国家交税……做成金融业的微信，连接一切！

未来已来，只是尚未流行。

鸡叫不叫天都会亮，关键是，天亮了，谁醒了？

（重要提示：作者个人观点，不构成投资建议，以此投资，风险自担！）

Chapter 56

第五十六章　钱道六步通天梯

$

金钱导读：“钱道六步通天梯”的金钱能量非常高，金钱低能量的人谨慎阅读，可能会颠覆思维，颠倒梦想。不求大众认同，但求读后有所得，从金钱中悟道，在红尘中修行。金钱本是人生在红尘中最重要的修行，也是最低的修行。闻金钱道、悟金钱道、明金钱道，传金钱道。人生幸福，从金钱觉悟开始……

第一，守财奴

对钱的认识最低，把钱当命，勤俭节约，勤勤恳恳，一辈子被钱所困，人变成钱的奴隶，人为什么立不起来？为什么财运不好？就是因为把钱当命，被钱掌控。就像看见一件喜欢的衣服，感觉太贵，舍不得花钱买。真正一个有智慧的人，管它多少钱，看到有感觉就直接买下，买下来，哪怕穿一下马上送人，甚至扔掉都没关系，关键是感觉找到了，一转身在事

业上爆发，结果很多人喜欢的东西没买，情绪纠结能量下滑，最后事业上赔个几千万。

普通人就是把钱当命，高手花钱只是找感觉，有感觉就可以创造未来。普通人没车，谈客户没感觉，结果不舍得借钱买车，然后一直没感觉，优秀的人知道开上好车有感觉，哪怕贷款先买个好车，开出去见客户有感觉，然后多挣十辆保时捷，高手所有一切他都不在乎的，管他花多少钱，首先把感觉先找到。凡是一个舍不得花钱而存钱的人，都是对未来没有信心的表现，都是担心未来怎么办的人，你害怕，恐惧，一恐惧就没能量，如果你相信未来可以创造几十个亿，你今天存钱干吗？

一个人真正强大不是拥有多少，也不是追求多少，而是随时随地敢于面对一无所有。

第二，花钱

花出大气，花出气场，花出能量，花出感觉，花出未来，一个人大气和小气和有钱没钱无关，跟花过多少钱有关，花过钱的人才大气，再有钱，花的不多，依然不大气。挣钱只是能力，花钱才叫智慧，一个伟大的人能把100块钱花出1000万的价值，一个不会花钱的人花完1000万，活得连100块钱都不值。

很多人说我花钱也很多，他说我买别墅花了多少钱，你买房子花的钱不叫花钱，买房子花的钱那都是有实用价值的，花的冤枉钱才叫花钱。花钱的大气在于花过多少冤枉钱，人的大气是花冤枉钱花出来的，你买的东西都有实用价值，你花的钱等于没花，普通人花钱买的都是实，高手花钱买的都是空。这就是很多人永远理解不了那些富人的生活，富人买那些乱七八糟的都没用，就因为这些没用，让他永远成为富人，就因为你永远有用，所以你永远跟钱计较。所以看完书，你学会啥没有关系，书看完之后以前穿的衣服是花三千，现在直接穿三万，穿 3 万的直接变成 30 万，以前给婆婆都是三千，现在变成 3 万，一定要让自己翻 3 到 10 倍，体验 3 到 5 次，生命状态就改变了，扩大十倍，人生就已经走在改变的路上，十倍是改命的核心。

为什么出手小气？因为从来没有花过冤枉钱，从来就没有浪费过钱。就像到澳门赌博，输掉 1000 万，当下后悔，输这 1000 万还不如把这 1000 万打给爸妈，很多人说那直接给不就行了吗？你没有输过 1000 万，让你给爸爸妈妈打 1000 万，你不舍得给。输钱都输 1000 万，你再给爸爸妈妈打 500 万那都不用思考，随便输都能输 1000 万，再给员工奖一辆宝马奔驰这都不用思考。

很多人说好好做事，好好赚钱，将来买辆好车。不要把买车当成目的，你要在没钱的时候先把车买了，然后用车去推动你的事业。很多人为什么一辈子都爆发不了，因为准备三年挣钱买辆车，都把事业当工具了，把车当目的。而真正的高手是不计代价借钱也要去买上车，把事业先撑起来。

有了车，或者有了更贵的车，能量直接飞翔，有了车，事业就好做了。有人说，我买个车万一不成功怎么办？你有个车都不成功，没这个车更成功不了。

所以人生想要改变，从拼命为自己花钱开始，花钱花得自己都要佩服自己，花到最后舍得给别人设定最舍得分钱的机制，花到把钱当工具，用钱来推进自己的生命，用钱来降服人心，用钱来成长蜕变人生。

公司只要产品差不多，再加上舍得分钱，基本上都有一番成就，不舍得分钱招什么人？舍得分钱不用招人。不舍得分钱培养的人也会走，

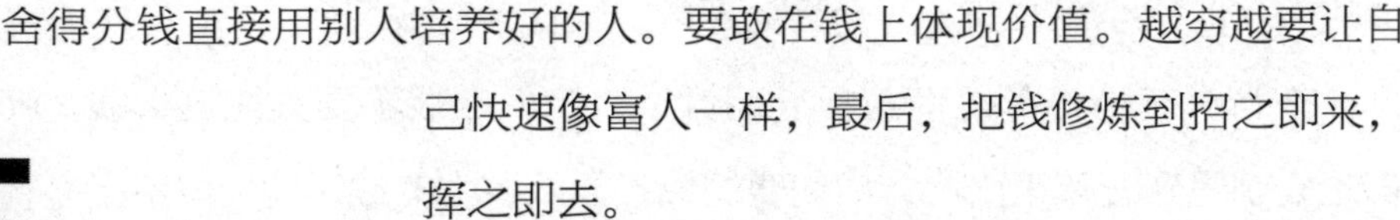

舍得分钱直接用别人培养好的人。要敢在钱上体现价值。越穷越要让自己快速像富人一样，最后，把钱修炼到招之即来，挥之即去。

会花钱

第三，会花钱

用小钱度社会底层的人，每一分钱产生正能量，用钱来引爆社会的正能量，用钱来度人，

对底层的（比如打工的、服务员，保安等）要怎么花钱？这些人要给他们一天收入的 2 到 5 倍，给他 100 到 500 的小费，不能给太多，给太多会刺激他的贪欲，给的少了他没感觉，必须给到他又有感觉又生出感恩之心，这就是度人。度人的核心在于掌握度，低了没有效果，过了会让他心生贪念，让人心生贪念，本身就是在造孽。他心里没绽放，能量不足以激活他，依然没有被度。只要最终没有度他，你这个钱就没有实现正能量。

就像停车场的保安，一般人不搭理他，你没事给他弄包中华或者给他 100 块钱，让他体验到尊重，这 100 块钱对老板说没有价值，但是对于一个底层的保安来说，可能是生命，改变命运的蜕变。他一想你开个好车还给他包中华，对他来说是多大的荣耀，直接给他导进的是能量，他感觉到受到了重要人物的认可。

比如去洗车，收费是五十，我一般都给三百，为什么给三百，因为擦车的洗车工人是没钱人，没钱人就用钱度他，那五十是给老板的，那几百块钱是给洗车工的。如果是一个老板，你给他三百，他可能会看不起你，因为他一年挣几十万甚至上百万的，但是对于一个洗车的员工来说，给他三百的小费，对他来说是生命的待遇。给他五十块钱，他可能擦车不用心，给他翻几倍之后，他是不是擦车很用心？他一用心做事，即使将来洗车的人不是我，他给别人擦车也开始用心擦了，他一用心工作，

他的人生就已经在改变了，而且他用心三次就会变成习惯。

车行洗车价格都是商业标准的价格，咱们老板不要关注这个钱，咱们走到哪里到让哪里出心，他们要的只是他们该收的钱，他们出不出心，只要把程序走完都要收这个钱，而老板的修炼在于让身边的人能够为你出心，你能让别人出心就等于救赎了一个人。让别人出钱容易，让别人出心难，所有的改变通道最后都是发心。一旦一个人用心做事的时候，人生都会直线飞翔，你处处能让别人出心，你的员工自动就会为你出心。如果你的人生凡是跟别人完成的不是出心而只是交易，你的员工跟你就都是交易。

又比如有些餐厅生意不好，为什么生意不好？就是心没有出来。比如吃顿饭收费 100 的我一般给他 300，一旦他收完钱，我说再给我做顿饭吧，他再做一顿饭的时候就开始用心了，我去了三次，他就变成习惯。别人再来吃饭，他也用心做了，他只要一用心做，菜的味道莫名其妙就变成了气场，改变能量，别人莫名其妙地感到在这里舒服，所以他家的生意就好了。

很多人花 3000 万买个别墅，小区保安都把你当成陌生人，看到他瞪着眼睛："停车，检查，没停车位了。"很多人花 3000 万买个别墅，去不知道用 3 万块钱把小区的人激活，把这个房子变成个家，让整个小区用心召唤你的归来，保佑你的平安，再住进这个家不仅是因为房子，而是所有小区对你发出笑脸的回应。

你的生命每天的吃喝拉撒都是什么故事，都是什么能量，这都决定着智慧和气场，都决定着你未来的辐射力，更重要的是你度人别人还不知道，那就是功，那就是德，那都会在你事业上体现出来。

对于中层，要让他成长，让他好好地成长疯狂地投资，赚到第一笔钱先问自己，哪里还能让自己变得更好？这是一个领袖要思考的第一个问题。住得好不如让人变得好，人变好，在哪里都会宾朋满座，人不行，住再好都没用，拼命买一套房子，不如把买房子的钱投资给自己，把自己变成一个可以征服世界的人。

对于高层，给发展中的钱，比如一个企业需要几千万的资金，这个钱什么时候给要掌握度，他找你借，不要马上给，等他把所有的钱都找完了，借到无处可借，还差个几百万或几十万，这个时候实在没地方找了，如果没有这几十万，这个项目和之前借的钱都要白费了，就在差最后尾数的时候，这个时候你给他这几十万比他原来借的几千万的能量都大，在他关键时候临门一脚，给他能量加持过去，他会感激你一生。

第四，度钱

度人就是人间的佛，度钱就是钱的财神。把钱度了，钱就会追随你。宇宙有生命，地球有生命，万事万物都有生命，钱也有钱的生命，很多钱也活在水深火热之中，它也渴望它的神来度他。凡是钱不到你这里来，就是钱没有看到你有度钱之心。

钱会往哪里走？钱会从低能量流向高能量。

为什么人们都往寺院跑，因为佛度众生。那在钱上你把钱度了，你也是钱的佛。所以首先要知道钱来到你这里是钱的幸运，因为你把钱度了，你让钱来不是为了拥有钱，也不是为了占有钱，而是来度钱。什么叫度钱？就是这个钱放在别人那里的价值不高，放在你这里最能体现它的价值。

所以，要想富有从度现在的钱开始，佛是先度了身边的几个人，度了身边的人之后，众生看到佛的度人之心。如果你能让现有的这些钱活得比其他的钱更有价值、更有生命、更有意义，这个钱的生命就被激活了，经过你的手就给钱赋予了生命。那其他的钱看到，它就向往这个地方。

首先要思考一个问题，我如何先度现有的钱？先看看自己手上还有多少钱，如何让这些钱活得更潇洒，更风光？要让你口袋里的钱活得的让天下的钱都羡慕这些钱的活法。你只要能够把你现有的钱给度化了，赋予它最大的价值和生命，其他的钱莫名其妙会流向你。因为人跟人有感应，钱跟钱也有感应，人不想活在地狱里，那些钱也不想活在一个让它活在一个地狱人的口袋里。

第五，为国家花钱

越为国家花钱，财富向你这里流动的就越多。当你起心动念，要把花的每一分钱都让这个国家变得更好，让这个民族过得更幸福，花的每一分钱都让整个人类更和谐。当你起心动念发这个心的时候，你就会发现大钱跟你对接的概率越来越高。

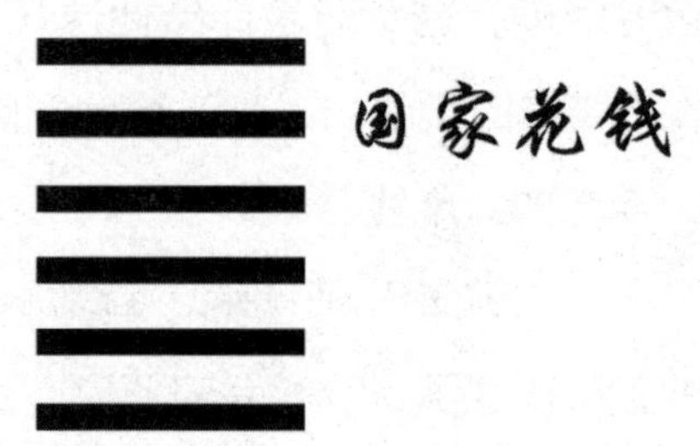

很多人出国旅游都是买奢侈品，看完书以后再出国旅游就要开始教外国人说中国话，让外国人全部说我爱中国。当你花钱是为国家花的时候，即使回来空空如也，你也是凯旋的英雄。

出国旅游就是让世界向中国学习，旅游一个地方就是征服一个地盘，旅游一个地方就是让整个世界对中国人重新竖起大拇指，重新定义对中国的认知。

第六，为道花钱

为道奉献钱，钱用来干吗——明道、悟道，把天下的钱为道所用，所用明道于天下，当把钱为道而用，道就给你加持能量。

就像一个企业，你占多少比例是王道，占多少比例是商道，占多少比例是领袖之道，你分钱的比例合上什么道就得到什么样的结果。有的

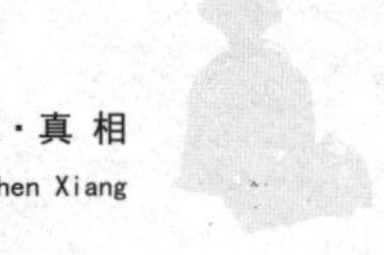

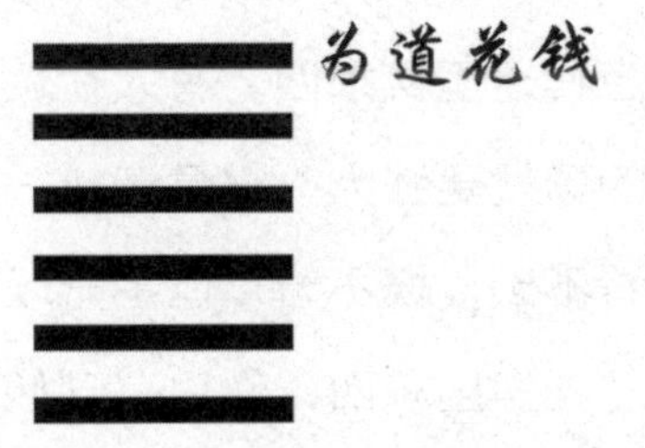

人是大家赚 100，你 50 我 50，这叫交易之道、合作之道，这就叫商道，就是完成商业思维，所以一辈子就是个商人，是个老板；有的人给别人 70 自己 30，这叫领袖之道，李嘉诚运用的就是这种思维，李嘉诚跟任何人合作都是给别人 70% 自己占 30%，所以李嘉诚在商场纵横，因为他走的不是商业思维，而是领袖思维；假如你给别人 90% 自己留 10%，你已经运用王道了。比如任正非，为什么华为如此强大？正因为华为任正非走得是王道，华为是同行业分钱最多的公司，任正非也是手机行业占股份最少的老板，华为市场分配 45%，给产品研发部 45%，8.6% 为公司的发展资金，任正非自己拿 1.4%。华为的市场分配最高，市场就跟得上，研发部门分配最高，产品就跟得上，所以华为的市场征服了世界，华为的产品征服了客户。

走商业之道贵在谈判，走领袖之道贵在降服，走王道贵在与国家共命运，华为的商业帝国就是中国的商业帝国的折射，华为所有的共振都将启动整个国家的能量。

天道的分配比例为 36%（20/55）、36%（20/55）、28%（15/55），36% 属于市场，36% 属于产品，剩下 28% 为公司发展沉淀资金，一个公司按照这种模式是最稳定的模式。

马云之所以成功，就是因为他的商业合上了商道，阿里巴巴有一部分人在这里卖东西，有一群人在这里买东西，卖东西为阳，买东西为阴，阿里巴巴让卖东西的人可以更方便、更快捷地卖东西，除此以外，还可以让买东西的人更方便地买东西，他的公司里面既有阴又有阳，而且阴阳最后被他掌控。阿里巴巴既不卖东西也不买东西，既不是阴，也不是阳，而是居中掌控阴阳。有人卖一次东西有人买一次东西，阿里巴巴无形的能量场就会增加一次，最后吸引更多人愿意在这里买东西。有人在这里卖一次东西，有人在这里买一次东西，他的场就更强大，它是运转一次能量强大一次，就像旋涡一样，这个旋涡看不到，摸不着，但是气场很强大，最后强大到你只有到它那里卖东西才能卖出东西，你只有到他那买东西才能买到东西，最后它变成了商人和消费者的上帝。

又比如滴滴打车，它让一部分开车的人想有人坐车，想坐车的人更方便地坐车，滴滴打车既不开车也不坐车，最后开车的想赚钱要用它，坐车的想方便也要用它。

公司里面同时能让一阴一阳运转，就是商业之道，你如果在商道上不如别人，拼了命也超越不了别人。

所以要想合道，首先做任何事情之前要找到阴阳，公司的阴阳、家庭的阴阳，身体的阴阳、关系的阴阳，只要公司的阴阳合道，再加上最舍得分钱的分配比例，公司必成。

做公司是用来载道的，通过商业来合道，等于自己在修行。

合道三部曲：

第一步，找到阴阳，阴阳都有就直接启动运转；

第二步，如果阴阳不够，看是缺阴还是缺阳，然后找到哪里有；

第三步，让阴阳同时运转起来。

（本文整理于明道，极度认同者或者极度不认同者，皆为有缘人，请与本人联系）

Chapter 57

第五十七章　为何笔名扁鸿生?

还是先听一个故事吧！

扁鹊，春秋战国时代名医，医术精湛，望闻问切，针砭灸药，悬壶济世，医者仁心，救人无数，并创造了好多的医术奇迹。

于是，齐王要封扁鹊为“天下第一神医”，可扁鹊却坚决不受，说自己的两个哥哥医术都比他高明。

齐王问道：“既然他们的医术都在你之上，为何名不见经传？”

扁鹊答道：“我二哥扁雁能够治大病于小恙，还在那些重大疾病只出现微小症状之时，病人也没有觉得痛苦，二哥就能药到病除，就能加以诊断并及时根治，使乡里人都认为二哥只是治小病很灵，所以他只是在家乡的村里小有名气，村里人知道有小毛病可以去找二哥。

而大哥扁鸿的医术更加出神入化，能够防病于未然，只要看一眼就可以判断出这个人可能得什么毛病，然后在其得病之前就及时治疗。大哥治病，是在病情发作之前，那时候病人自己还不觉得有病，但大哥就下药铲除了病根，使他的医术难以被人认可，所以没有名气，只有家里人知道大哥的医术高明。

而我扁鹊，既不能治大病于小恙，又不能防病于未然，我治病，都是在病情十分严重之时，病人痛苦万分，病人家属心急如焚。此时，他们看到我在经脉上穿刺，用针放血，或在患处敷以毒药以毒攻毒，或动大手术直指病灶，使重病人病情得到缓解或很快治愈，他们都夸我妙手回春，所以我名闻天下。

所以我的哥哥才是神医，而我只是名满天下的名医。”

齐王大悟！

我小悟，

不让病发生才是最好的医生，看见别人看不见的才能防患于未然。

治病治未病，方为神医，

治穷治穷根，方为财神。

大哥扁鸿处大事于无形，于是心中“扁鸿生”。

其实这个故事是杜撰的，扁鹊并不姓扁。

扁鹊（公元前 407—前 310 年）嬴姓，秦氏，名越人，又号卢医，春秋战国时期名医。由于他的医术高超，被认为是神医，所以当时的人们借用了上古神话的黄帝时神医“扁鹊”的名号来称呼他。

既然扁鹊不姓扁，他的大哥又怎么可能叫扁鸿呢？

怎么又会有扁鸿生呢？于是扁鸿生，借假以修真。

扁鸿生以为：人的贫穷也是一种病，财富的获取和治病是一样的，穷人病因在心，穷之病果在身，财富是内心富足的外在显现。

为什么很多人得不到财富呢？可以从扁鹊的“六不治”看出端倪，“六不治”不是不去治，而是实在治不了。

穷根不除并不是不想帮他富，而是帮不了他富。天助自助者。

而扁鹊的“六不治”也是金钱的“六不治”。

一、骄恣不论于理：有的人浑不讲理，比如蔡桓公，大夫怎么给他治。吃药拒绝，扎针不愿意，那怎么治疗。即便是勉强治疗，因为患者不配合，疗效也不会太好。

二、轻身重财：自己都不把身体当回事，请大夫不愿花钱，吃药不愿花钱，当然不好治。

三、衣食不能适：穿什么都不行，穿少了冷，穿多了热；吃也是一样，吃什么都不对劲儿，吃少了饿，吃多了胃胀。这类病人寒热错杂，肠胃不好，也不太好治。

四、阴阳并，脏气不定：阴阳的关系应该是“阴平阳秘”。“阴阳并”是阴阳的关系混乱了，“脏气不定”就更危险了。

五、形羸不能服药：患者体质太虚的情况下，一般禁止针刺的，灸也不能用，体质虚的都“不能服药”了，当然无法治疗。

六、信巫不信医：这很好理解，他根本就不信你，你怎么治？

借我金钱道，解你心中惑，能开悟是我们缘起，未开悟也是我们缘起。如果人生有缘，红尘自然相遇！

《金钱真相》特别鸣谢：

本书在原创作过程中，以雾老师的《货币战争（中国版）》为开篇引线，参考了《货币战争》《人人都爱经济学》《金融的逻辑》《穷爸爸富爸爸》《国富论》《资本论》《货币》《经济大滞胀》《比特币》《区块链》《货币是个什么东西》等书中部分章节和观点以及互联网热文中的流行看法。在此一并致谢！

责任编辑：潘笑竹

特约编辑：胡兴亮

装帧设计：王秋伟

责任印制：李未圻

图书在版编目（CIP）数据

金钱真相 / 扁鸿生著 . -- 北京：华龄出版社，2017.2 (2022.1重印)

ISBN 978-7-5169-0887-7

Ⅰ . ①金… Ⅱ . ①扁… Ⅲ . ①成功心理 – 通俗读物 Ⅳ . ① B848.4-49

中国版本图书馆 CIP 数据核字 (2017) 第 032766 号

书　　名：金钱真相

作　　者：扁鸿生　著

出版发行：华龄出版社

印　　刷：黑龙江艺德印刷有限责任公司

版　　次：2017 年 2 月第 1 版　2022 年 1 月第 2 次印刷

开　　本：787 × 1092　1/16

印　　张：11.75

字　　数：170 千字

定　　价：48.00 元

地　　址：北京市朝阳区东大桥斜街 4 号　　邮　　编：100020

电　　话：58124218（发行部）　　电　　话：58124204

网　　址：http://www.hualingpress.com